990

Vive y Descubre

Córdoba

Coordinación editorial: Jaime Díaz

Texto: Francisco Solano Márquez Cruz
Apartado «De copas con la juventud»: Francisco Solano (hijo)

Fotografías: José Manuel Gutiérrez, Juan José Pascual, Paolo Tiengo y Orietta Ghersi, Miguel Raurich y Archivo Everest

Diagramación: Gerardo Rodera

Diseño de cubierta y mapas de excursiones: Francisco A. Morais

Planos callejeros y de accesos: Montserrat Gual
© Cartografía Everest

Tratamiento digital de imágenes: Marcos R. Méndez

Editorial Everest garantiza la total actualización de los datos contenidos en la presente obra, hasta el momento de su edición y agradece la comunicación de toda información que ayude a la mejora de sus publicaciones. Para ello puede dirigirse a:
Editorial Everest, S. A., Carretera León-A Coruña km 5, Apartado 339, 24080, León (España).

Carretera León-La Coruña, km 5 - LEÓN
ISBN: 84-241-3751-5
Depósito legal: LE. 672-2000
Printed in Spain - Impreso en España

EDITORIAL EVERGRÁFICAS, S. L.
Carretera León-La Coruña, km 5
LEÓN (España)

Vive y Descubre

Córdoba

«Córdoba, nativa ciudad de la belleza...»

Antonio Gala.

Índice

Así es Córdoba

«Pero, ¿es que puede describirse una ciudad? ¿Puede acaso dibujarse el aire envuelto en luz, la luz que enternece las superficies, el balanceo de una rama de acacia, el silencio que taladra la voz de un pregonero?», se pregunta el escritor cordobés Antonio Gala. E intenta responderse en muchos de los textos que Córdoba, su ciudad madre, como la llama, le sugiere. Y en un hermoso verso de juventud la denomina «nativa ciudad de la belleza».

Es, sin duda, en los textos literarios que a Córdoba exaltan y alaban donde podemos hallar las mejores definiciones de la ciudad. Su predilecto hijo Góngora la piropea llamándola «flor de España». García Lorca, aparte de verla metafóricamente «lejana y sola», vislumbra «dos Córdobas de hermosura. / Córdoba quebrada en chorros. / Celeste Córdoba enjuta». Manuel Machado la percibe «romana y mora, Córdoba callada». Y el poeta del grupo *Cántico* Juan Bernier ve la ciudad como un «amarillo perfil de arquitectura / de cúpulas y torres coronado».

Y es que con raíces romanas, árabes, judías y cristianas, Córdoba, crisol de culturas, es un pueblo orgulloso de su pasado esplendor histórico,

Temperaturas medias en Córdoba											
ene.	feb.	mar.	abril	mayo	jun.	jul.	ago.	sept.	oct.	nov.	dic.
9,5	11	13	15,2	19,3	23,2	27	26,8	23,8	18,5	13	9,7

con el que convive la ciudad actual sin dormirse en pretéritos laureles, mirando al futuro. Bienvenido a Córdoba.

CLIMA

Una ciudad de primavera y otoño

Córdoba tiene inviernos suaves y veranos calurosos (véase cuadro de temperaturas). Por razones climáticas, las épocas ideales para visitar Córdoba son la primavera y el otoño, en que las temperaturas alcanzan unos valores medios bastante suaves. Hay rasgos que distinguen a ambas épocas. En primavera registra Córdoba más actividades festivas y mayor concentración de visitantes, mientras que el otoño se caracteriza por la ausencia de fiestas y la menor afluencia de turistas. Así que, a similares temperaturas, el visitante atraído por las fiestas y la bulla deberá elegir la primavera y, especialmente mayo, mes festivo por excelencia –en este caso se deberá reservar hotel con la suficiente antelación–, mientras que quien prefiera un contacto más sosegado con la ciudad optará por el otoño, especialmente octubre; en este caso no convendrá olvidar el paraguas, por si acaso. Menos aconsejables para visitar Córdoba son los meses de julio y agosto, con máximas que suelen rebasar los 40 ºC.

LAS GENTES DE CÓRDOBA

Retrato al minuto de los cordobeses

Pueblan Córdoba 310.000 habitantes, que se concentran especialmente en el anillo de barriadas densamente pobladas que rodean el casco histórico, área que pese a su extensión sólo acoge a unas 36.500 almas; en ella se encuentran los monumentos, los museos y los barrios populares. Tan baja densidad demográfica confiere al casco histórico una dimensión humana que lo hace más transitable.

Antiguo sello de la ciudad.

Observatorio Meteorológico de Córdoba
Aeropuerto.
✆ 957 329 094

La **precipitación media** anual alcanza los 630 litros por metro cuadrado.
El mes más lluvioso es diciembre, con 91 litros de media, seguido de enero y febrero, con 82, marzo con 79 y noviembre con 77.

Murallas y estanque en la calle Cairuán.

Desde un punto de vista sociológico, conviven en Córdoba una población de extracción rural –en parte procedente de la emigración provincial–, una poco influyente burguesía agraria, una emergente clase media de profesionales cualificados, propia de toda ciudad de servicios, una masa de asalariados empleada en los servicios, la industria de la platería y la construcción, y una población estudiantil que crece a medida que la joven Universidad –cumplió en 1998 sus bodas de plata– aumenta sus centros y títulos. El paulatino crecimiento del censo de profesionales y estudiantes, así como la incorporación de la mujer a la Universidad y al trabajo, contribuyen a la modernización de hábitos y costumbres de una sociedad tradicionalmente patriarcal, algunos de cuyos viejos tópicos y clichés van pasando al baúl de los recuerdos.

Un pueblo de buenas costumbres

El cordobés tradicional de los barrios populares se agrupa en peñas, más de 150, reunidas en una Federación, que participa activamente en las fiestas populares. Las peñas suelen tener sus sedes sociales en las tabernas, y aglutinan a grupos de amigos unidos por vecindad, oficio o procedencia geográfica.

Entre sus actividades habituales no suelen faltar la celebración de peroles campestres, el excursionismo, la participación en fiestas populares y romerías, el montaje de casetas feriales y la afición a juegos sedentarios como el dominó. Hay también peñas especializadas, de carácter deportivo, taurino, flamenco y cultural.
El cliché estereotipado –que los hábitos de las nuevas generaciones van desmontando– atribuye al cordobés un carácter *senequista*, que se puede traducir como reflexivo, sentencioso y estoico. Otros rasgos del carácter tradicional son también la discreción, la indolencia, la parsimonia, la austeridad, una cierta actitud desdeñosa y una propensión a la melancolía. Casi como una consecuencia natural de todo ello, el cordobés carece, por lo general, de la *grasia* cascabelera de los andaluces más occidentales. En lo religioso, aun en los casos en que no sean muy practicantes, los cordobeses profesan devoción a San Rafael, el arcángel custodio de la ciudad, y a la Virgen de los Dolores.

Polifemo y Galatea, mosaico romano en el Salón de los Mosaicos del Alcázar.

CUATRO PASOS POR LA HISTORIA

La ciudad actual fue fundada por el general romano Claudio Marcelo a mediados del siglo II a. de C., y mantuvo el mismo nombre *–Corduba,* es decir, «altozano junto al río»– de un poblado turdetano existente en el actual barrio del Parque Cruz Conde, que había surgido a finales del segundo milenio y cuyos habitantes vivían de la agricultura, la ganadería y el comercio, centrado en la importación de cerámica y en la distribución del cobre procedente de Sierra Morena.
Según Estrabón, los habitantes más selectos del poblado prerromano se incorporaron a la nueva ciudad, que pronto constituyó la capital oficiosa de la provincia romana Hispania Ulterior. Durante el período republicano es probable que tuviese ya estatuto de colonia latina. Corduba se vio envuelta en la guerra civil que, a partir del 49 a. de C., enfrentó a Julio César y Pompeyo, que contaron aquí con sendos grupos de partidarios. La decisiva *batalla de Munda,* en el 45, dio el triunfo a Cé-

sar, que ocupó *Corduba* tras un duro asedio. La reconstrucción de la ciudad dio paso a una etapa de esplendor bajo época imperial, de tal forma que entre los siglos I y IV d. de C. Corduba se convirtió en capital de la sede del gobernador o procónsul, y de la asamblea provincial o *concilium*. Es la etapa a la que corresponden el desarrollo urbanístico y monumental que testimonian los numerosos hallazgos arqueológicos.
En época imperial la ciudad estaba delimitada por un recinto amurallado, reforzado por torres de vigilancia y en el que se abrían las puertas que comunicaban con el exterior las calles principales, *cardo* y *decumanus*. Como cualquier otra gran urbe del Imperio, tenía Corduba dos foros, el colonial y el provincial, y grandes edificios públicos, como templos, termas, circo, teatro, anfiteatro, acueductos, necrópolis y lujosas villas.
Coincidiendo con las etapas de desarrollo político y económico *Corduba* dio al Imperio romano hombres tan preclaros como la familia de los Anneos, en la que destacaron Lucio Anneo Séneca, nacido entre los años 4 y 1 a. de C., filósofo estoico y preceptor del emperador Nerón, y su sobrino, el poeta Marco Anneo Lucano, nacido en Corduba en el 39 d. de C., que en su poema épico *La Farsalia* relató las luchas entre César y Pompeyo.
La última etapa de la dominación romana coincide con la expansión del cristianismo, a finales del siglo III, una de cuyas manifestaciones fue el culto a los mártires víctimas de la persecución de Diocleciano. Un cordobés brilló en la primera mitad del siglo IV, el obispo Osio, que fue consejero de Constantino –el emperador que decretó la libertad de culto en favor del cristianismo– y presidió el Concilio de Nicea (325), donde intervino en la redacción del Credo,
El traslado de la capital de la Bética a *Hispalis* (Sevilla), las invasiones de los bárbaros o extranjeros a partir del siglo V, y las intrigas por el poder que enfrentaron a los reyes visigodos abrieron para Corduba unos siglos oscuros. Así, el ataque de Agila a la ciudad en el 550 le costó la derrota y la pérdida de su frágil corona, arrebatada por Atanagildo, quien también fracasó en su intento por acabar con la actitud independentista de la urbe. Su sucesor Leovigildo la ocupó al fin en el 572, aunque la perdería poco después en favor de su rebelde hijo Hermenegildo, para volverla a recuperar más tarde, poco antes de que con Recaredo la monarquía visigoda abrazara el cristianismo.

Córdoba se ciñe el turbante

Tres meses después de la derrota de los visigodos en la batalla del Guadalete, tropas musulmanas asaltaron Córdoba, que conquistaron con rela-

DATOS CRONOLÓGICOS
Se señalan algunas fechas significativas en la historia de la ciudad

s II a.C.	El general romano Claudio Marcelo funda la ciudad de *Corduba* cerca de un poblado turdetano del mismo nombre.
45 a.C.	Tras vencer a Pompeyo en Munda, Julio César ocupa *Corduba,* que pronto se erige en capital de la Bética.
h. 4 a.C.	Nace el filósofo Lucio Anneo Séneca, preceptor de Nerón.
325	El obispo cordobés Osio preside el Concilio de Nicea.
711	Los árabes conquistan Córdoba, sin encontrar apenas resistencia.
717	Se establece en Córdoba la capitalidad de la nueva provincia de al-Andalus, emirato dependiente de Damasco.
785	Abd al-Rahman I inicia la construcción de la Mezquita aljama y crea el emirato independiente.
929	Abd al-Rahman III se proclama califa y crea el Califato de Córdoba, iniciando un siglo de poder militar y esplendor cultural.
1010	En plena decadencia del Estado califal los beréberes destruyen Medina Azahara, sede de la corte.
1091	Córdoba queda sometida a los almorávides.
1148	Comienzo del dominio almohade.
1236	Fernando III el Santo conquista Córdoba, restablece el culto cristiano y emprende su repoblación con castellano-leoneses.
1368	En la batalla del Campo de la Verdad Enrique II derrota –con el apoyo de los cordobeses– a su hermanastro Pedro I, impidiéndole así tomar la ciudad.
1482	Se establece en Córdoba el Tribunal de la Inquisición.
1523	Comienza la construcción de la nueva capilla mayor catedralicia.
1652	Motín del hambre a raíz de la carestía originada por malas cosechas.
1687	Construcción de la plaza de la Corredera.
1808	El general francés Dupont se adueña de Córdoba, ocupación que se prolongará hasta 1812.
1810	Fundación de la Real Academia de Córdoba.
1836	La desamortización de Mendizábal provoca la exclaustración de algunas órdenes religiosas y la clausura de sus conventos.
1868	En el puente de Alcolea, cerca de Córdoba, el general Serrano derrota a las tropas gubernamentales de Isabel II, lo que abriría el camino a la revolución del 68.
1925	El alcalde José Cruz Conde abre la plaza de las Tendillas.
1936	Córdoba se alinea con la sublevación militar, y durante la Guerra Civil permanece en *zona nacional.*
1973	Creación de la Universidad de Córdoba.
1979	Las primeras elecciones municipales democráticas sitúan en la alcaldía a Julio Anguita, el *califa rojo.*

Así imagina una recepción califal en Medina Azahara el pintor Baixeras.

tiva facilidad, pues el medio millar de defensores cristianos huyó de la ciudad para refugiarse en la basílica de San Acisclo. Comienza así, en octubre del 711, el período de dominación musulmana, que se prolongará durante 525 años y que con el Califato alcanzará en el siglo X la época de mayor esplendor de Córdoba, su siglo de oro. Una vez sometida la mayor parte de la Península, Córdoba se convertía, a partir del 717, en la capital de la nueva provincia islámica de al-Andalus, un emirato aún dependiente de Damasco y sede del gobernador o *walí.*

El desconcierto provocado por las luchas intestinas entre los clanes y razas musulmanas –caisíes y kelbíes de Arabia, beréberes norteafricanos y sirios–, determinó la venida a Córdoba de Abd al-Rahman I *el Inmigrado,* un descendiente de los califas omeyas de Damasco que había logrado escapar de la cruenta persecución que había sufrido su familia. Aquí aglutinó a los clanes más representativos y creó un emirato independiente de Damasco. La dinastía omeya inició así su reinado en al-Andalus desde Córdoba, que se convirtió en corte real. En la primera etapa del Emirato, los soberanos (entre los que destacan junto al fundador de la dinastía sus descendientes Hisham I, al-Hakam II y Abd al-Rahman II) centran su esfuerzo en «controlar desde Córdoba el Estado andalusí y tratar de dar cohesión a un conjunto social muy complejo formado por súbditos que practican tres religiones diferentes y que están aquejados de tensiones internas de todo tipo», según la historiadora Margarita Cabrera.

Sólo Abd al-Rahman III pondrá orden en la situación, pacificará el territorio y consolidará la organización del Estado. Con su autoproclamación en el 929 como califa, que supone la ruptura de la dependencia religiosa de Damasco, se inaugura el Califato de Córdoba, la época de mayor esplendor de la historia local, que se prolongaría durante un siglo. Le sucedió su hijo al-Hakam II, un gobernante pacífico e intelectual, promotor de la más suntuosa ampliación de la Mezquita mayor. Pero el tercer califa, Hisham II, accedió al trono con tan sólo once años y delegó el poder en Almanzor, un dictador que desmontó las estructuras del Estado, facilitando así su posterior descomposición y la reproducción de las luchas intestinas, que dan paso a la desmembración de al-Andalus en reinos de taifas.

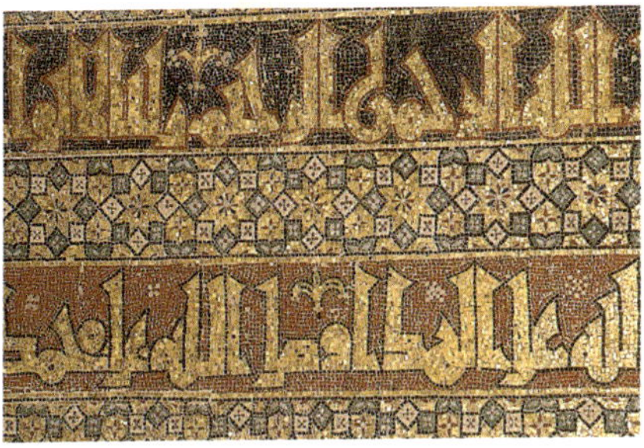

Detalle decorativo de la Mezquita.

En los primeros años del siglo XI, y con un Califato moribundo, pierde Córdoba su hegemonía política y, como un síntoma de la situación, los beréberes asaltan y destruyen Medina Azahara, espejo y símbolo del esplendor califal. Sevilla, Toledo y hasta el propio rey castellano Alfonso VI –que soñó con coronarse emperador en Córdoba– dominaron sucesivamente la ciudad, que en 1091 quedó sometida al dominio de los almorávides, pueblo africano –caracterizado por su intolerancia religiosa– que, en un vano intento de repetir la historia, invade la Península y reunifica al-Andalus. La descomposición almorávide abrió un nuevo período de inestabilidad y anarquía. En 1148 cae Córdoba bajo el dominio almohade, mientras se incrementan las incursiones cristianas, que culminarán en 1236 con la conquista de la ciudad por las tropas de Fernando III.

Estatua del jurista, médico y filósofo Averroes.

El esplendor político del Califato cordobés tuvo su paralelo en el desarrollo económico y cultural, y en el desarrollo urbanístico de la capital del Estado omeya. Los cronistas árabes, hiperbólicos por naturaleza, dejaron escrito que en tiempos de Almanzor hubo en Córdoba 273.000 casas, 13.870 mezquitas, 3.911 baños públicos y más de 80.000 tiendas, para una población que, según esas mismas fuentes, superaba el millón de habitantes; cálculos realistas estiman más prudente una población de 100.000 habitantes, que otros historiadores elevan al doble. Es comprensible que la capital del Estado más poderoso de Occidente concentrase a científicos, intelectuales y artistas que, con el apoyo de califas como al-Hakan II, hicieron de Córdoba tal emporio cultural que una monja alemana del siglo X, Roswitha, llamó a esta ciudad «ornato del mundo».
La agricultura, la industria y el comercio alcanzan gran desarrollo, y adquieren fama en el mundo las sedas, los cueros artísticos, la talla en marfil y la cerámica suntuaria que se producen en Córdoba.

Azulejo en el convento de Santa Marta.

La cruz desplaza a la media luna

Tras la conquista cristiana, Córdoba se vacía de musulmanes y es ocupada por repobladores castellano-leoneses, que participan del reparto de tierras. Entre estos nuevos pobladores destacan los nobles –generalmente hidalgos segundones– que a, cambio de defender la frágil frontera con el vecino reino nazarí de Granada, acumulan poder y fortuna, y detentan los primeros señoríos otorgados por Fernando III. Entre aquellos linajes destacan los Fernández de Córdoba, descendientes del adalid Domingo Muñoz, uno de los participantes en la conquista de la ciudad.
En contraste con pasados siglos de esplendor, la Córdoba bajomedieval pierde protagonismo histórico y es, a menudo, escenario de las luchas intestinas que mantienen los nobles para apoyar enfrentadas rivalidades dinásticas y defender o ampliar sus privilegios. Así, en la guerra civil que entre 1366 y 1369 enfrentó a los partidarios de Pedro I *el Cruel* y su hermano bastardo Enrique de Trastá-

mara, el apoyo de Córdoba a este último la costó duras represalias de Pedro I, hasta ser derrotado en la batalla del Campo de la Verdad, a las puertas de la ciudad, lo que impidió que tomara Córdoba. Geográfica punta de lanza sobre el reino nazarí de Granada, jugó Córdoba un importante papel como territorio fronterizo y cuartel general de las campañas militares contra aquél, en las que comenzó a destacar como militar Gonzalo Fernández de Córdoba, el futuro Gran Capitán.

El siglo XVI, que inaugura la Modernidad, transforma paulatinamente la imagen medieval de Córdoba con la incorporación de edificios en los que tiene activa participación la dinastía de arquitectos Hernán Ruiz; entre todos destaca la construcción del crucero catedralicio, en el centro de la antigua Mezquita, que contó con la oposición inicial del concejo municipal. Córdoba inicia un cierto despegue económico y demográfico, sorteando calamidades como epidemias de peste y hambrunas. A finales del siglo XVI tenía 45.000 habitantes y contaba con 14 parroquias y 36 conventos, además de la Catedral, lo que revela el arraigo del sentimiento religioso. El Tribunal de la Inquisición, establecido en 1482 para velar por la pureza de la fe católica, se muestra muy activo.

Como «siglo de hierro» es conocido el XVII, por los azotes que infligieron a la población

La entrevista de Colón con los Reyes Católicos.

desgracias como el hambre, la peste y la repercusión de las guerras (de Portugal y Cataluña), lo que alentó las prácticas de piedad popular. La ciudad siguió encerrada en el recinto amurallado medieval, que sumaba 8 kilómetros de longitud, aunque cambió su función defensiva por la del control económico y comercial. Conoció la ciudad en esta centuria carestías provocadas por malas cosechas, que en 1652 desencadenaron el «motín del hambre», al que había precedido otra epidemia de peste que llevó a la tumba a un tercio de la población. El siglo de la Ilustración abre tímidamente la ventana a las nuevas ideas, que chocan con una mentalidad anclada en la tradición. Uno de los signos de modernización es el derribo de torres y murallas, que se intensificará en la siguiente centuria. El arte barroco

Atardecer en la Catedral.

deja su huella tanto en templos nuevos como en las iglesias medievales y en la propia Catedral, que sufren reformas barroquizantes. La devoción a San Rafael alienta la edificación de triunfos en plazas y espacios abiertos.

La ciudad contemporánea

La época contemporánea se abre en Córdoba con la invasión del ejército francés al mando del general Dupont, que sin resistencia notable se adueña de la ciudad el 7 de junio de 1808, y durante diez días lleva a cabo el saqueo, ante el terror de sus indefensos habitantes. La derrota de los franceses en Bailén y la Constitución de 1812 ponen fin a la dominación francesa, que dejó también actuaciones positivas en materia de jardines, sanidad y limpieza. Un canónigo afrancesado funda la Real Academia de Córdoba. La desamortización decretada por el ministro Mendizábal en 1836 y la consiguiente exclaustración de algunas órdenes religiosas originó el cierre de conventos, parte de cuyo patrimonio cultural constituyó la base para crear el Museo de Bellas Artes y la Biblioteca Provincial, si bien se perdieron o dispersaron otras muchas piezas artísticas. La vida cordobesa durante la centuria refleja las tensiones políticas derivadas de la alternancia en el poder de moderados y liberales. Y en el puente de Alcolea, barriada cercana a Córdoba, el ejército revolucionario del general Serrano derrotó en 1868 a las tropas gubernamentales de Isabel II, lo que abriría paso a la revolución. Ya en el siglo XX, la dictadura primorriverista lleva a la alcaldía a José Cruz Conde, que abre la plaza de Las Tendillas e inicia una modernización urbana que continuará en los años cincuenta otro alcalde de la familia, Antonio Cruz Conde, una vez superadas las paralizantes consecuencias de la contienda civil del 36. Las primeras elecciones municipales democráticas, en 1979, situaron en el sillón de la alcaldía a Julio Anguita, el *califa rojo.*

Entre el peso de la historia y el reto del futuro

La historia bimilenaria de la ciudad actual, enriquecida por el paso y la convivencia de las culturas cristiana, árabe y judía, y su estratégico emplazamiento geográfico en el centro de Andalucía, son algunas de las claves que determinan la importancia de Córdoba, y, al mismo tiempo, constituyen avales para afrontar el nuevo milenio con dinamismo e imaginación a través de un Plan Estratégico diseñado por las fuerzas políticas, sociales y económicas.

La expansión urbana de Córdoba tropezó tradicionalmente con dos barreras, el río al sur y el ferrocarril al norte, que encorsetaron su crecimiento. El soterramiento de la vía férrea y el desplazamiento de la estación han favorecido el desarrollo viario y el crecimiento septentrional de la ciudad. Por el sur, sin embargo, la falta de puentes –hasta 1953, en que se inauguró el de San Rafael, sólo existía el Puente Romano, como hace dos mil años– frenó la expansión urbana y dificultó la buena comunicación. La integración del Guadalquivir en la vida de Córdoba, como paseo fluvial con proyección cultural y lúdica, es una vieja asignatura pen-

Monumento a los amantes en el Campo Santo de los Mártires.

Un descanso en el Patio de los Naranjos.

diente que comienza a dar sus primeros pasos.
La declaración por la Unesco en 1994 del casco histórico de Córdoba como Patrimonio de la Humanidad ha supuesto el claro respaldo a una oferta turística de marcado carácter cultural. La mejora de las comunicaciones por carretera y, especialmente, el paso por Córdoba del tren de Alta Velocidad Española (AVE) Madrid-Sevilla, facilitan el desplazamiento de visitantes. La creación en 1973 de la Universidad, y la paulatina consolidación del campus de Rabanales, centrado en las carreras y la investigación agropecuaria, potencian considerablemente el papel de la ciencia en el desarrollo de la ciudad, perspectivas a las que hay que añadir el creciente avance tecnológico de su Hospital Universitario Reina Sofía, acreditado como uno de los primeros centros de trasplantes de órganos de España.

Una ciudad viva

Las lógicas limitaciones constructivas en el extenso casco urbano de Córdoba y la pervivencia de su trama urbana bajomedieval, han propiciado el crecimiento de la ciudad por la periferia, en la que van surgiendo modernos barrios que dan respuesta a la demanda del crecimiento demográfico. La protección del casco histórico permite mantener su fisonomía tradicional y limitar su densidad. En cuanto al patrimonio monumental, la colaboración entre instituciones viene dando sus frutos en la paulatina restauración de los más necesitados. A ello unen los numerosos hallazgos arqueológicos, principalmente romanos y árabes, que afloran por doquier.

Cómo llegar y moverse

La ciudad de Córdoba está situada a 37º 52' de latitud y 11º 42' de longitud, próxima, por lo tanto, al paralelo 38. Se extiende la ciudad a orillas del Guadalquivir, el río grande de los árabes, a 123 metros sobre el nivel del mar y abrigada por las estribaciones de Sierra Morena, abierta a la fértil llanura aluvial de la vega y a la ondulada campiña cerealista. Su posición central dentro de Andalucía y en el curso medio del río, ha favorecido sus comunicaciones terrestres. La antigua N-IV, desdoblada hoy en autovía, la conecta con la capital de España, Sevilla y Cádiz, mientras que la carretera N-331, que arranca de la cercana Cuesta del Espino, la comunica con Málaga, la N-432 con Granada, y la N-324 con Jaén. La autovía a Antequera es una aspiración cercana.

TODOS LOS CAMINOS CONDUCEN A CÓRDOBA

La forma habitual de llegar a Córdoba es por carretera y por ferrocarril, pues su modesto aeropuerto carece en la actualidad de líneas regulares –lo cierto es que desde la creación del AVE no se echan de menos–, aunque sí admite aviones privados y aero-taxis. El de Sevilla, está a 124 km.

Aeropuerto de Córdoba
Llanos del Castillo
✆ 957 214 100

Estación de Autobuses
Pl. de las Tres Culturas, s/n. ✆ 957 404 040.
Aparcamiento:
15 primeros minutos, gratis; 1 hora, 100 pta.

Estación de Renfe
Pl. de las Tres Culturas, s/n. ✆ 957 400 202.
Aparcamiento anejo.

Paradas de taxis
Las Tendillas, Gran Capitán (junto a El Corte Inglés), Puerta Osario y Puerta de Almodóvar.

Radio-taxi
✆ 957 764 444

Coches de caballos
Paradas: Campo Santo de los Mártires y calle Torrijos (junto Mezquita-Catedral).

Córdoba Visión
✆ 957 231734
Tour city: 10 h (excepto domingos y festivos) y 16 h.
Precios: 3.500 pts.
Panorámica diurna: 10 h.
Panorámica nocturna: 19 h (invierno) y 21 h (verano).
Precios: 2.500 pts.

La carretera es el medio más empleado para llegar a Córdoba, bien en automóvil propio o utilizando las líneas regulares que la conectan con otras ciudades y provincias, y que tienen como punto de llegada y salida la moderna Estación de Autobuses de reciente inauguración, estratégicamente situada frente a la Estación de Renfe, lo que facilita la conexión entre ambos medios de transporte.
Las comunicaciones ferroviarias se vieron mejoradas con la creación del tren de alta velocidad, que la sitúa a 100 minutos de Madrid y a 43 de Sevilla, lo que ha favorecido el turismo de fin de semana desde la capital de España. El Talgo, los expresos y los trenes de cercanías completan una buena red ferroviaria.

Una ciudad para moverse a pie

Si se dispone de tiempo suficiente, lo aconsejable es moverse a pie por el casco histórico, pues sus distancias son humanamente abarcables. Por ejemplo, el trayecto comprendido entre Ronda de los Tejares –eje del moderno centro comercial– y la Mezquita-Catedral se puede cubrir a pie, con paso sosegado, en un cuarto de hora. El desplazamiento a pie no sólo permite conocer los monumentos que salen al paso, sino también tomar el pulso a la ciudad y a su paisaje urbano y humano, que sorprenderá a cada paso, con angostas calles, recoletas plazas y sugestivos rincones que no figuran en las guías, pero que son fáciles de descubrir si uno se pierde por la intrincada madeja callejera.

Aparcar no es fácil

Si las circunstancias obligan a util… vehículo propio, puede probar fortu… en aparcamientos de superficie cercanos a la zona monumental, como Paseo de la Victoria, República Argentina o plaza de

Turistas en la plaza del Triunfo.

Tren AVE en la estación.

Colón, ésta con estacionamiento limitado. Los parquímetros tienen un máximo permitido de dos horas, en horario de 9 a 14 h y de 17 a 21 h, de lunes a viernes, mientras que el sábado sólo rige por la mañana. En el entorno de la Mezquita-Catedral el horario de los parquímetros se extiende también a los sábados completos y a los domingos, de 9 a 21 h.
El estacionamiento callejero vigilado está a cargo de los tradicionales guardacoches y de los *vovic* o parados mayores, según zonas. Los primeros tienen bonos de 100 pts., mientras que los segundos los bajan a 75 pts. Pero para tener plaza hay que madrugar. Por algunas zonas turísticas suelen merodear los *gorrillas*, que reclaman una propina adicional por vigilar el vehículo. Aparcamiento céntrico es Edaco, en Conde de Robledo 6. Otra opción de aparcamiento en el centro la brinda El Corte Inglés, que abre en horario comercial de 10 a 21:30 h. Tanto la Estación de Renfe como la Estación de Autobuses disponen de aparcamientos anejos.

La alternativa: el transporte público

Cuenta Córdoba con un eficiente servicio de transporte público urbano, atendido por la empresa municipal Aucorsa, que dispone de dieciséis líneas de trazado radial que conectan los barrios con el centro y entre sí. Las líneas 1, 2, 3 y 4 (de distintas tonalidades rojizas) tienen dirección este; las números 5, 6 15 y 16 (azules), dirección sur; las números 7, 8, 9 y 14 (amarillas) se dirigen al oeste; y las 10, 11, 12 y 13 (verdes) se

Distancias kilométricas respecto a otras capitales españolas de provincia:

A Coruña	995 km
Almería	332 km
Badajoz	372 km
Barcelona	908 km
Cádiz	263 km
Granada	166 km
Huelva	232 km
Jaén	104 km
Madrid	400 km
Málaga	187 km
Santander	793 km
Sevilla	138 km
Valencia	545 km

Distancias kilométricas respecto a otras poblaciones cordobesas:

Aguilar de la Frontera	50 km
Baena	62 km
Bujalance	42 km
Fuente Obejuna	93 km
Cabra	72 km
Lucena	72 km
Montilla	44 km
Montoro	43 km
Palma del Río	53 km
Pozoblanco	86 km
Priego	103 km
Puente Genil	68 km

encaminan al norte. De especial interés para el turista son: la 3, con cabecera en las estaciones de Renfe y de Autobuses y parada junto a Las Tendillas, desde donde la Mezquita-Catedral queda a unos ocho minutos; la 13, que lleva a los hoteles del Brillante; y las 10 y 11, con paradas junto al Cámping. Para más detalle, consultar los planos existentes habitualmente en las propias paradas. Los autobuses urbanos inician su actividad hacia las 6-6:30 h, y la prolongan hasta las 23 h, en que tienen establecidas las últimas salidas de cabecera. Los vehículos están dotados de refrigeración en verano. Si se va a hacer un uso frecuente de este transporte es aconsejable adquirir un *bono-bus* (a la venta en algunos puestos de prensa), que permite realizar diez viajes y enlazar líneas de la misma dirección en el plazo de dos horas sin costo adicional.
Para desplazarse a lugares determinados, sin mucho tiempo disponible, es aconsejable tomar un taxi. Córdoba tiene alrededor de 400 vehículos en servicio durante el día, que se pueden tomar en las paradas fijas o bien a través del Radio-taxi. Las tarifas vigentes se incrementan un 25% por los noche –entre las 22 y las 6 horas– así como los domingos, festivos y Feria de Mayo.
Hay una forma de recorrer la ciudad típicamente turística, como es el castizo coche de caballos, que en una hora le dará un paseo panorámico por el casco. La tarifa oficial asciende a 4.000 pts. por una hora en coches de cuatro plazas.
La empresa Córdoba Visión realiza visitas guiadas que parten del Triunfo de la Catedral. Así, el *tour city* de día, que combina el bus y el paseo a pie, comprende la panorámica de la ciudad y el barrio de la Judería, con visitas a la Mezquita-Catedral y a la Sinagoga. Del mismo lugar parten las panorámicas diurna y nocturna, que terminan en una taberna típica.

DIRECCIONES Y TELÉFONOS ÚTILES

Turismo
Oficina de Turismo de la Junta de Andalucía. Torrijos, 10. ✆ 957 471 235
Oficina Municipal de Turismo y Congresos. Pl. de Judá Leví, s/n. ✆ 957 200 522
Patronato Provincial de Turismo. Pl. de las Tendillas, 5. ✆ 957 491 677
Palacio de Congresos. Torrijos, 10. ✆ 957 483 112

Transportes
Estación de Renfe. Pl. de las Tres Culturas, s/n. ✆ 957 400 202
Estación de Autobuses. Pl. de las Tres Culturas, s/n. ✆ 957 404 040
Autobuses urbanos (Aucorsa). ✆ 957 255 700
Aeropuerto. ✆ 957 214 100

Agencias de viajes
CajaSur. Concepción, 13. ✆ 957 760 112
Halcón. Ronda de los Tejares, 8. ✆ 957 471 069
Marsans. José Cruz Conde, 19. ✆ 957 478 220
Mezquita. Ronda de los Tejares, 3. ✆ 957 476 164
Vincit. Alonso de Burgos, 1. ✆ 957 470 890
Wagons-Lits. José Cruz Conde, 28. ✆ 957 478 534

Comunicaciones
Correos. C/ José Cruz Conde, 15. ✆ 957 479 196. Información: ✆ 902 197 197 http://www.correos.es
Telegramas por teléfono: ✆ 957 470 345

Organismos públicos
Ayuntamiento. Capitulares, 1. ✆ 957 499 900 http://www.ayuncordoba.es
Diputación Provincial. Pl. de Colón, 15. ✆ 957 211 100 http://www.eprinsa.es/Diputación
Delegación Gobierno Junta de Andalucía. San Felipe, 5. ✆ 957 471 285
Subdelegación del Gobierno Central. Pl. de la Constitución, 1. ✆ 957 238 700

Seguridad
Policía Nacional. Urgencias. ✆ 091
Comisaría Provincial. Avda. Dr. Fleming, 2. ✆ 957 477 500
Policía Local. Urgencias. ✆ 092 Avda. de los Custodios, s/n. ✆ 957 455 300
Guardia Civil. Urgencias. ✆ 062 Avda. Medina Azahara, 2. ✆ 957 251 100
Protección Civil. ✆ 957 328 700
Parque de Bomberos. ✆ 080

Sanidad
Emergencias SAS. ✆ 061
Hospital Universitario Reina Sofía. Avda. Menéndez Pidal, s/n. ✆ 957 217 001

Urgencias
Hospital de la Cruz Roja. Paseo de la Victoria, s/n. ✆ 957 293 411
Ambulancias. Consorcio Transporte Sanitario de Córdoba. ✆ 957 234 902 y 957 295 086

Automóviles de alquiler
Avis. Pl. de Colón, 35. ✆ 957 476 862
Hertz. Av. América, s/n. ✆ 957 402 060

Grúas
Córdoba (24 h). ✆ 957 326 677 y 957 326 086
Mata. ✆ 957 295 029 (día) / 957 420 435 (noche y festivos)
Depósito de vehículos y grúa municipal. ✆ 957 435 232

Otros
Oficina Municipal de Información al Consumidor. Avda. Gran Capitán, 6. ✆ 957 499 993

Dónde alojarse

Dispone la ciudad de Córdoba de unas 5.000 plazas hoteleras, distribuidas de la siguiente forma, según tipo de establecimientos: 2.086 en hoteles de cuatro estrellas, 924 en hoteles de tres, 697 en hoteles de dos, y 432 en hoteles de una estrella, completándose la oferta con hostales y pensiones.
En muchos casos, se trata de establecimientos de reciente construcción o remodelación, dotados de servicios acordes con sus categorías y en cuyo trato el cliente puede percibir la acogedora hospitalidad cordobesa. Los pequeños establecimientos dispensan un cálido ambiente, casi familiar.
Los hoteles de cuatro estrellas tienen aire acondicionado y televisión vía satélite en las habitaciones, restaurante, salas de convenciones y piscina, así como otros servicios propios de esta categoría.
Los más clásicos son: Meliá Córdoba, Parador de Córdoba y Gran Capitán, a los que en los últimos años se han sumado nuevos establecimientos, algunos de ellos situados en la grata falda de la Sierra.
A continuación, se enumera una selección de los principales alojamientos.

Dónde alojarte
si viajas por negocios

H** PARADOR DE CÓRDOBA, LA ARRUZAFA**
Avda. de La Arruzafa, s/n.
✆ 957 275 900. FAX 957 280 409.
***e-mail:** cordoba@parador.es*
🛏 94. ♣♣♣
Situado en la falda del Brillante, a dos km de la ciudad, en terrenos donde estuvo la residencia veraniega de los Omeya. Ayuda a evocar aquella época histórica el Jardín de los Naranjos, que de jueves a sábados brinda un marco sugestivo para cenas con encanto. Se conserva bien, aunque su construcción data de los años cincuenta. Pero su situación es privilegiada, con la ciudad extendida a sus pies. Ha sido tradicional alojamiento de jefes de estado. Piscina y tenis.

H** MELIÁ CÓRDOBA**
Jardines de la Victoria.
✆ 957 298 066. FAX 957 298 147.
Central de reservas:
✆ 902 144 444.
***e-mail:** melia.cordoba@solmelia.es*
🛏 147. ♣♣♣
Es el recibidor de la ciudad, para quien llega desde el sur. Arropado por jardines, está a un paso de la Judería y a dos del conjunto monumental.

H** TRYP GRAN CAPITÁN**
Avda. América, 5.
✆ 957 470 250. FAX 957 474 643.
***Central de reservas:** 901 116 199.*
🛏 96. ♣♣♣
Situado al norte del casco urbano, mirando a la Sierra. Reformado en 1992. Salones para congresos y capacidad de hasta 500 personas. Gimnasio y sauna. Restaurante *La Reja.*

Parador de Córdoba. *Aspecto de una de las habitaciones.*

H** ALFAROS**
C/ Alfaros, 18. ✆ 957 491920.
FAX 957 492 210. ***e-mail:***
alfaros@maciahoteles.com
🛏 133. ♣♣♣
Es de reciente construcción y está situado cerca del Ayuntamiento, en una manzana del casco histórico, lo que le proporciona bellos volúmenes y agradables patios interiores. Restaurante Los Alarifes.

H* LOS GALLOS SOL**
Avda. Medina Azahara, 7.
✆ 957 235 500. FAX 957 231 636.
🛏 115. ♣♣
Es el antiguo hotel *El Cordobés*, creado por el torero de este sobrenombre en sus tiempos de gloria. Piscina en la terraza.

Dónde alojarte
si buscas un lugar romántico

H** LAS ADELFAS**
Av. de La Arruzafa, s/n.
✆ 957 277 420. FAX 957 272 794.
***e-mail:** adelfas@arrakis.es*
🛏 101. ♣♣♣
Situado en la falda de la Sierra, a dos km del casco. Rodeado de jardines y de construcción reciente, es, como dice su *slogan*, «balcón de Córdoba». Agradable terraza-barbacoa en las noches

Patio con piscina en el Hotel Alfaros.

estivales. Cocina nacional e internacional. Tenis, *squash,* piscina, sauna y gimnasio.

H** OCCIDENTAL**
C/ Poeta Alonso Bonilla, 7.
✆ 957 400 440. FAX *957 400 439.*
157. ♣♣♣
Está situado en la parte alta del Brillante, a 5 km del casco urbano. Es el de mayor capacidad de Córdoba, aunque no se nota demasiado, pues sus pabellones se extienden en medio de una espaciosa y amena superficie arbolada. Un buen lugar para descansar. Restaurante *Florencia* y barbacoa veraniega en los jardines. Tenis y piscina.

• Zona monumental

H** HESPERIA**
Fray Albino, s/n.
✆ 957 421 042. FAX *957 299 997.*
Central de reservas: 902 397 398.
108. ♣♣♣
Situado en la orilla izquierda del Guadalquivir, regala desde la terraza superior y las habitaciones exteriores que miran al norte, la mejor vista del conjunto monumental de la ciudad y los Sotos de la Albolafia, dormidero de aves. Es de reciente construcción.

H** CONQUISTADOR**
C/ Magistral González Francés, 15-17.
✆ 957 481 102. FAX *957 474 677.*
102. ♣♣♣
Situado frente a la fachada oriental de la Mezquita-Catedral, que se puede casi tocar desde las habitaciones que dan a la calle. Reformado en 1999.

H** AMISTAD**
Pl. Maimónides, 3.
✆ 957 420 335. FAX *957 420 365.*
Central de reservas NH hoteles:
✆ 902 115 116.
69 + 15. ♣♣♣
De construcción reciente, está situado en plena Judería, entre la plaza de Maimónides y la calle Cairuán, a la que da una de sus puertas, abierta en la muralla. Su patio cubierto conserva columnas y capiteles visigodos, lujo arqueológico que conjuga bien con su diseño funcional. Recientemente ha abierto, enfrente, un anexo con 15 habitaciones.

H* MAIMÓNIDES**
C/ Torrijos, 4. ✆ 957 471 500.
83. ♣♣♣
De menor categoría que los precedentes, tiene como acicate su situación frente a la Mezquita-Catedral, a los pies de su torre, que casi se toca con las manos desde las habitaciones exteriores.

Dos aspectos del Hotel Conquistador.

Dónde alojarte
si quieres ahorrar

De entre los establecimientos de dos estrellas, destacamos los que se alzan en el entorno de la Mezquita-Catedral, acogedores y de unas dimensiones que les permiten dispensar un cálido trato familiar.

H MEZQUITA**
Pl. Santa Catalina, 1. ✆ 957 475 585.
FAX *957 476 219.* *21.* ♣♣
Casa señorial rehabilitada con gusto y decorada con antigüedades, cuyos dos patios se engalanan con capiteles musulmanes.

HR MARISA**
C/ Cardenal Herrero, 6.
✆ 957 473 142. FAX *957 474 144.*
28. ♣♣
Frente al Patio de los Naranjos.

H GONZÁLEZ**
C/ Manríquez, 3.
✆ 957 475 585.
FAX *957 486 187.*
16. ♣♣
Situado en plena Judería y con capiteles califales en el patio, un lujo arqueológico.

H ALBUCASIS**
C/ Buen Pastor, 11.
✆ y FAX *957 478 625.* *15.* ♣♣
Sosiego y encanto en una quebrada calle de la Judería.

ALBERGUE JUVENIL CÓRDOBA
Pl. Judá Leví, s/n. ✆ 957 290 166.
167 plazas en habitaciones de 2 a 5.
Establecimiento de la Junta de Andalucía de reciente construcción, para viajeros jóvenes de edad o de espíritu. Lo mejor, su situación, en plena Judería, y sus precios: 1.605 pts. por la cama y el desayuno –a partir de 26 años, 2.140 pts.–, y 722 pts. por la comida. En puentes y fines de semana de mayo, suplemento de 300 pta. por día. Hay que tener carné de alberguista, que se puede adquirir en el mismo albergue por 1.000 pts.

Dónde alojarte
si te gusta la naturaleza

H** LOS ABETOS DEL MAESTRESCUELA**
Av. San José de Calasanz, s/n.
✆ 957 282 105. FAX 957 282 175.
36. ♣♣
Situado en la falda de la Sierra, a 2 km del casco urbano. Reciente adaptación de una casa señorial tipo inglés de finales del siglo XIX, que contrasta con los nuevos pabellones de estilo andaluz. Agradable terraza con palmeras. Parque infantil y tenis.

H* AL-MIHRAB**
Ctra. a Villaviciosa, km 5.
✆ y FAX 957 272 198.
29. ♣♣
El alojamiento, situado a mayor altura de todos los de Córdoba. Es un antiguo palacete señorial abrigado por las primeras estribaciones de la Sierra, lo que garantiza la tranquilidad. Jardines y minigolf.

CÁMPINGS

MUNICIPAL EL BRILLANTE 1ª C
Avda. del Brillante, 50.
✆ 957 278 481.
FAX 957 282 165.
120 plazas.
Situado en una elegante zona residencial, a 1 km del casco. Piscina y restaurante. Acceso por las líneas de autobuses 10 y 11.

Itinerarios
por la ciudad

Se propone en este capítulo un largo paseo por el extenso casco histórico de Córdoba, a través de un itinerario de quebrado trazado que permite conocer monumentos, museos y rincones pintorescos. El paseo comprende cinco itinerarios, por lo que el viajero que carezca de tiempo o de ganas para realizarlo completo podrá prescindir de los que menos le interesen. Los principales, e imprescindibles, son los dos primeros, que discurren por la Judería, la Mezquita-Catedral y su entorno monumental. Quienes tengan impaciencia por ver la Mezquita-Catedral, pueden invertir los dos primeros itinerarios y comenzar por el segundo. Con respecto a las iglesias, hay que advertir que, por razones de seguridad, sólo suelen abrir en horas de culto, por lo que para conocer su interior se deberán consultar los horarios de misas, que publica el diario *Córdoba los* sábados y domingos.

ITINERARIO I. LA JUDERÍA Y EL ENTORNO DE LA CATEDRAL

Los **Jardines de la Victoria**, creados a finales del siglo XIX, son el gran recibidor verde de la ciudad. Cerca de su inicio

■ **Casa Andalusí**
C/ Judíos, 7.
🕘 10:30 a 20:30 h.
Precios: 300 pta.
Descuento a grupos y a cordobeses.

■ **Torre de la Calahorra**
Puente Romano.
✆ 957 293 929.
🕘 De octubre a abril, de 10 a 18 h; de mayo a septiembre, de 10 a 14 y de 16:30 a 20:30 h.
Precios: 500 pts. (650 con audiovisual histórico). Descuentos a grupos y a cordobeses.

■ **Museo Taurino**
Pl. de Maimónides.
✆ 957 201 056.
🕘 **Laborables.** Del 16 octubre al 30 de abril: de 10 a 14 y de 16:30 a 18:30 h; mayo, junio, septiembre y del 1 al 15 de octubre: 10 a 14 h y 17:30 a 19:30 h.; julio-agosto: de 8 a 13 h.
Festivos. de 9:30 a 14:30 h.
✂ Lunes.
Precios: 450 pts.
Gratuito para mayores de 65 y menores 18 años que lo acrediten.
Estudiantes, 50% descuento. Viernes, gratuito.

Nota
Existe un Bono Museos Municipales: 1.075 pts.
Estudiantes 50% de descuento.

Puerta de Almodóvar, con la estatua de Séneca.

se abre la Puerta de Almodóvar, y junto a ella se alza la estatua del filósofo Lucio Anneo Séneca, nacido en Córdoba en vísperas de la era cristiana, que fue erigida en 1966 y costeada por el popular torero Manuel Benítez *El Cordobés*. Frente a la estatua, y paralela a la almenada muralla medieval, discurre la **calle Cairuán**, amenizada por estanques y protegida por un foso defensivo por el que baja el arroyo del Moro.

La **Puerta de Almodóvar** se abre hospitalaria, invitando a entrar en la Judería, que es como un pueblo blanco y sosegado. Con la de Sevilla y el Portillo, es una de las tres puertas conservadas del recinto amurallado medieval de la Villa o Medina. La forman dos torreones unidos por un arco ligeramente apuntado, que a principios del siglo XIX fue cegado en su parte interior por un muro en el que se abrió la puerta adintelada. El conjunto está coronado por almenas.

La calle **Judíos** parece estrechar al viajero en un abrazo de cal y silencio. Es para recorrerla sin prisa. En su número 7 abre la bodega Guzmán, una acogedora taberna con sabor taurino, muy concurrida por gentes del barrio. Poco más abajo, en el número 12, la **Casa Andalusí** muestra una exposición permanente sobre la fabricación del papel, que permite conocer una vivienda antigua del siglo XII cuidadosamente restaurada.

En la misma acera, tras un portalón que ostenta el número 20, se halla la **Sinagoga judía.** Consta de vestíbulo –desde el que se accede a la tribuna de las mujeres– y sala de oración, que es de planta cuadrangular y está decorada en su parte superior –perdió el zócalo– con ricas labores de yesería mudéjares. En el muro oriental se conserva el hueco para el arca del Pentateuco, coronado por un arco polilobulado. Según reza una inscripción, fue construida por Yishaq Moheb en 1315. Tras la expulsión de los judíos en 1492, el edificio pasó por diversos usos, como hospital y capilla de San Crispín y San Crispiniano, del gremio de zapateros. Es una de las tres sinagogas que se conservan en España, y fue restaurada en el primer tercio del presente siglo. Los ju-

La Judería desde la torre catedralicia.

■ **Oficina Municipal de Turismo y Congresos**
Pl. Judá Leví, s/n.
✆ 957 201 040.
FAX 957 200 277.
e-mail: turismo@aix.ayuncordoba.es
⌚ De lunes a sábado: noviembre a febrero, julio y agosto: de 8:30 a 14:30 h; De marzo a junio, septiembre y octubre: de 9 a 14 y de 16:30 a 18:30 h. En abril, mayo y del 1 al 15 de junio abre los domingos y festivos, de 8:30 a 14:30 h. (A veces, por falta de personal, cierra los sábados).

■ **Alcázar de los Reyes Cristianos**
✆ 957 420 151.
⌚ **Laborables.** Del 16 octubre al 30 abril: de 10 a 14 y de 16:30 a 18 h; mayo, junio, septiembre y del 1 al 15 de octubre: de 10 a 14 y de 17:30 a 19:30 h.; julio-agosto: de 8:30 a 14:30 h.
Festivos. Todo el año de 9:30 a 14:30 h.
✂ Lunes.
Precios: 300 pts. Gratuito para mayores de 65 y menores de 18 años que lo acrediten. Estudiantes 50% descuento. Viernes, gratuito.
En verano, de 20 a 24 h, jardines iluminados, con entrada gratuita.

■ **Sinagoga**
C/ Judíos, 20.
✆ 957 202 928.
◷ Martes a sábados, de 10 a 14 y de 15:30 a 17.30 h; domingos y festivos, 10 a 13;30 h.
✂ Lunes.
Precios: Gratuito para españoles y miembros de la UE, y 50 pts. para los procedentes de los demás países.

Tribuna de las mujeres en la Sinagoga.

díos sefardíes se emocionan hasta llorar entre estas paredes.

Estamos en el tramo más angosto de la calle, donde su abrazo se estrecha. A la izquierda, un breve callejón protegido por medios arcos de ladrillo invita a entrar en el **Zoco**, mercado municipal articulado en torno a un patio rodeado de *bakalitos* o pequeños talleres donde los artesanos trabajan sus productos a la vista del público. En el primer patio, una tienda agrupa la oferta de la Asociación Cordobesa de Artesanos, centrada en cerámica, cuero y bisutería, mientras que al segundo patio se asoman locales dedicados a platería, cerámica, tradicional y creativa, y *papier maché*.

La angostura de la calle Judíos encuentra un agradable respiro en la inmediata **placita de Tiberiades**, presidida por una estatua sedente de Maimónides (Córdoba 1135-El Cairo 1204), el pensador judío más notable que dio Córdoba; se le considera el «Santo Tomás del judaísmo», y escribió tratados de medicina, teología y filosofía, entre los que destaca su *Guía de perplejos*. La estatua, labrada por el escultor Amadeo Ruiz Olmos, fue instalada en 1964.

Desemboca la calle Judíos en la **plaza** dedicada a **Maimónides**, también llamada de las Bulas, por la casa del siglo XVII en la que, desde 1954, se ubica el **Museo Taurino** municipal, reformado en

1983. Tiene salas monográficas en las que se rinde culto a la memoria de los mejores toreros que dio esta tierra, como los *califas* Rafael Molina *Lagartijo*, Rafael Guerra *Guerrita*, Rafael González *Machaquito* y Manuel Rodríguez *Manolete,* y el rejoneador Antonio Cañero, así como otros toreros legendarios o recientes, entre amarillentos carteles, apagados trajes de luces, descoloridas fotografías, objetos personales y cabezas de toros disecadas.

A la izquierda del Museo, un callejón con arco de ladrillo nos invita a asomarnos a la angosta **calleja del Cardenal Salazar**, purpurado fundador del inmediato hospital de su nombre, con barroca fachada de principios del siglo XVIII, sede hoy de la **Facultad de Filosofía y Letras**. Conserva este edificio una interesante capilla gótico-mudéjar del siglo XIV, dedicada a **San Bartolomé**, precedida de un bello pórtico que se puede admirar a través de una cancela. Frente al antiguo hospital alza su pajiza mole la **iglesia de San Pedro**

Un rincón del Museo Taurino.

de Alcántara, templo conventual de finales del XVII. Volvamos a la plaza de Maimónides, para tomar la calle llamada hoy de Tomás Conde y antaño de las Pavas. En ella nació en 1561 Luis de Góngora, uno de los grandes poetas del Siglo de Oro, autor de letrillas, sonetos y grandes poemas como la fábula de *Polifemo y Galatea* o las *Soledades*. Hacia la mitad de Tomás Conde, la angosta calle Albucasis nos asoma a la **plaza de**

Traje de Manolete.

Judá Leví, en la que desentonan por su moderno diseño dos edificios de impropia arquitectura: el Albergue Juvenil de la Junta de Andalucía y la **Oficina Municipal de Turismo y Congresos,** donde recabar planos e información sobre la ciudad. Bajo la acogedora sombra de los naranjos, de recortadas copas semiesféricas, el bar *Judá Leví* despliega sus veladores; un sitio ideal para descansar, escribir la postal o reponer fuerzas con un plato combinado. Aunque la Mezquita-Catedral está cerca, daremos aún un pequeño rodeo que nos permita conocer antes otros rincones y edificios de interés. De momento, volveremos a la calle Tomás Conde y tomaremos la **calleja de la Luna**, situada enfrente de Albucasis, en la que parece materializarse el verso de Rafael Porlán, cuando llama a Córdoba «Jerusalén del patio y la calleja». Su quebrado trazado desemboca en una placita recoleta, en la que no falta la fuente decorada con una mutilada escultura del dios Pan, que ha perdido la flauta. Cuando el tiempo lo permite, los mesones de *La Luna* y de *La Muralla* sacan mesas a la placita, sombreada por toldos y veladores a la explanada exterior, que, centrada por un estanque y moteada de naranjos, se extiende al pie de la muralla. A la derecha de la explanada termina la amena **calle Cairuán** que vimos nacer junto a la Puerta de Almodóvar. Parece guardar su intimismo la blanca estatua sedente del jurista, médico y filósofo Averroes (Córdoba 1126-Marraquech 1198), con un libro en la mano que simboliza el compendio de su vasto saber. Considerado el pensador más universal que ha dado Córdoba, bebió en la fuente de Aristóteles e influyó notablemente en el pensamiento de Santo Tomás de Aquino.

La ajetreada calle Doctor Fleming nos acerca al **Campo Santo de los Mártires**, jardín que sirve de verde antesala al Alcázar de los Reyes Cristianos, cuyas torres y murallas almenadas se alzan al fondo. Antes de entrar convendrá pasear la mirada por algunas cosas de interés, como los **Baños Califales**, así llamados por haber pertenecido al

Jardines del Alcázar.

Alcázar califal; el monumento a dos enamorados de leyenda, el poeta Ibn Zaydun y la princesa Walada, representados por unas manos tiernamente entrelazadas bajo un templete; y el busto, poco favorecido, de al-Hakam II, que reinó entre el 961 y el 976, y fue el más culto de los califas de al-Andalus.

El acceso al **Alcázar de los Reyes Cristianos** se realiza a través del arco apuntado, que se abre bajo la torre de los Leones, una de las cuatro que conserva esta fortaleza palaciega, mandada edificar por Alfonso XI en el siglo XIV sobre parte del antiguo y más extenso Alcázar califal, y ampliado más tarde por los Trastámara, que le añadieron baños y jardines. Está considerado el monumento más representativo de la arquitectura militar cordobesa, y fue sucesivamente residencia real, sede de la Inquisición y cárcel. Como otros monumentos cordobeses, un diligente alcalde, Antonio Cruz Conde, lo rescató y restauró en los años cincuenta para abrirlo a la visita turística y destinarlo a celebraciones municipales. Destacan las torres de los Leones, de la Inquisición y del Homenaje, así como el salón de los Mosaicos, una antigua capilla barroca, así llamado por los mosaicos romanos que revisten sus muros, hallados a finales de los años cincuenta en la plaza de la Corredera; sobresale entre todos el que representa al cíclope Polifemo que declara su amor a la ninfa Galatea. Los viernes a me-

diodía y los sábados tarde celebra aquí el Ayuntamiento las bodas civiles. Pieza arqueológica excepcional es el sarcófago romano del siglo III que se muestra en la galería de acceso al salón, labrado en un bloque de mármol.
El **Patio Mudéjar,** con sus estanques, acequias y las armas de Castilla decorando sus zócalos, traslada a la Baja Edad Media, época en la que buscaron refugio en el Alcázar algunos licenciosos reyes con sus queridas. Así, el propio fundador, Alfonso XI, vivió aquí con su amante Leonor de Guzmán una relación amorosa de la que nacieron varios bastardos, entre ellos el futuro Enrique II; éste mismo también compartió aquí lecho con Juana de Sousa primero y con Leonor Ponce después; y su hermanastro Pedro I hizo lo propio con María de Padilla. Pero también sirvió el Alcázar para empresas más nobles. En él residieron los Reyes Católicos durante parte de su campaña de Granada y, aunque no está documentado, se cree que Cristóbal Colón expuso aquí por primera vez sus proyectos descubridores a la reina Isabel. Fuentes, estanques, surtidores, umbrosa arboleda y amenos jardines constituyen un idílico complemento de la fortaleza palaciega, que muchos novios cordobeses eligen para su reportaje de bodas.
En un edificio contiguo al Alcázar, sede hoy de la Delegación de Defensa, se conservan las **Caballerizas Reales**, cuya construcción se llevó a cabo en el siglo XVIII bajo el reinado de Fernando VI, y que hasta hace pocos años acogieron el Depósito de Sementales del Ejército. El contiguo arco de las Caballerizas Reales da acceso al **barrio del Alcázar Viejo o de San Basilio,** que data de la segunda mitad del siglo XIV. Al igual que la Judería, es como otro pueblo dentro de la ciudad, y en él perviven genuinos *patios populares* cordobeses, visitables durante el concurso municipal de mayo
Vamos ahora al encuentro del núcleo más monumental de Córdoba a través de la calle Amador de los Ríos, flanqueada a la derecha por el antiguo **Seminario de San Pelagio** –construido entre los siglos XVI y XVIII, que luce al exterior una barroca portada de piedra gris enmarcada por columnas–, y a la izquierda por el edificio de la **Biblioteca Provincial**, que conserva una preciosa escalera rococó de finales del XVIII. Al fondo de la calle se alza el esbelto **Triunfo de San Rafael**, el más imponente de los ocho que jalonan la ciudad. Sobre una rocosa base, compuesta con cierta teatralidad, aparecen San Acisclo, Santa Victoria –los patronos de Córdoba– y Santa Bárbara rematando un barroco conjunto en el que también se pueden apreciar un caballo, un águila, un león, la palmera y otras alegorías, así como la tumba, vacía, del

Torre de la Calahorra y Puente Romano.

obispo don Pascual. Sobre una torre cilíndrica se eleva la airosa columna, rematada por un capitel corintio que sostiene la escultura del Arcángel custodio de la ciudad, en actitud de cumplir la promesa hecha, en 1578, al padre Roelas: «Yo te juro por Jesucristo que soy Rafael, ángel a quien Dios tiene puesto por guarda de esta ciudad».

Mirando al Puente Romano, y hundida unos dos metros sobre el pavimento circundante, a raíz de las remodelaciones viarias, se halla la **Puerta del Puente** que, por su carácter exento, más aspecto tiene de arco de triunfo. Fue erigida en 1575 según traza del arquitecto Hernán Ruiz III, en honor de Felipe II, a quien hace referencia la inscripción que campea sobre la puerta. La cara auténtica es la que mira al río, pues la interior es una reproducción realizada en torno a los años veinte del siglo XX, cuando la puerta fue despojada de las casas adosadas que le restaban belleza.

Por aquí discurre el **Guadalquivir**, el viejo Betis romano y el *río grande* de los árabes, que determinó el emplazamiento de la ciudad, aunque Córdoba, desagradecida, le vuelve la espalda. El tramo comprendido entre los dos puentes, lleno de islillas y de vegetación fluvial, es conocido por **Sotos de la Albolafia**, y ofrece al atardecer un curioso espectáculo natural, cuando miles de aves lo invaden para utilizarlo como dormidero, espectáculo que se repite al alba en sentido inverso.

Pese a su nombre, el **Puente Romano** sólo conserva de entonces su trazado y cimentación, pues ha sufrido diversas reconstrucciones y reparaciones a lo largo de los siglos. La primera conocida fue en el 720, por el emir

■ Museo Diocesano de Bellas Artes
C/ Torrijos, 12.
✆ 957 479 375.
🕘 De lunes a viernes, de 9:30 a 15 h; sábado, de 9:30 a 13:30 h.
✂ Domingos y festivos.
Precios: 150 pts. Gratuito con la entrada de la Mezquita-Catedral.

■ Mezquita-Catedral
✆ 957 470 512.
FAX 957 479 170.
🕘 Laborables. De 10 a 17:30 h (diciembre y enero), 18 h (febrero y noviembre), 19 h (marzo y julio a octubre), ó 19.30 h (abril a junio). Los domingos y festivos retrasa hasta las 14 h la apertura a la visita turística, aunque desde primera hora está abierta al culto.
Precios: 800 pts. adultos y 400 pts. niños 8 a 13 años.
Entrada gratuita para los cordobeses con DNI así como grupos de centros de enseñanza y de pensionistas que la soliciten por escrito.

■ Guías turísticos
En el entorno de la Mezquita-Catedral o en el ✆ 957 486 997 se pueden contratar los servicios de un guía profesional, que la explica en una hora.

as-Samh, y la última importante, en 1876. Consta de dieciséis arcos, la mayoría de medio punto, que se apoyan en sólidos estribos con tajamares. En la zona central del pretil oriental tiene una imagen de San Rafael colocada en el año 1651, precedente de los triunfos, ante la que nunca dejan de arder las velas que enciende constantemente la piedad popular. Observe cómo los vecinos del Campo de la Verdad, el barrio de la orilla izquierda, se santiguan al cruzar ante la imagen.

Delante del puente se despliegan, aguas abajo, varios **molinos** harineros de época árabe, hoy abandonados. El más notable –hasta tiene el honor de figurar en el sello de la ciudad– es el de la **Albolafia**, por su gran rueda o noria de madera con cangilones, restaurada hace pocos años, que en épocas pasadas elevaba del río el agua necesaria para regar los jardines del vecino Alcázar.

Cierra el Puente Romano por el sur la **Torre de la Calahorra**, que surge en época árabe como pequeña fortaleza, compuesta por dos torreones unidos por un arco y que constituía la puerta meridional de Córdoba. Para reforzar su valor defensivo, Enrique III le añadió en 1369 una tercera torre y los cilindros de unión entre todas ellas. A lo largo de los tiempos ha tenido la torre diversos usos, como cárcel de la nobleza, cuartel de la Guardia Civil, escuela de niños y museo de la ciudad. Desde 1987 acoge el llamado **Museo vivo de al-Andalus,** creado por la Fundación Roger Garaudy para ilustrar el esplendor y la convivencia pacífica –no siempre– de árabes, cristianos y judíos durante la dominación musulmana. Desde su terraza superior la torre brinda la mejor **vista panorámica** de la Córdoba monumental. El regreso a pie por el Puente Romano permite seguir disfrutando de esta concentración de monumentos.

Exterior de la Mezquita.

■ Oficina de Turismo de la Junta de Andalucía
C/ Torrijos, 10.
✆ 957 471 235.
FAX 957 491 778.
🕘 Laborables: de 9.30 (sábados, 10) a 20 h (abril a julio), 19 h (marzo, agosto y octubre), ó 18 h (noviembre a febrero). Domingos y festivos: de 10 a 14 h.

ITINERARIO II. PASEANDO POR LA CATEDRAL, ANTIGUA MEZQUITA, Y SUS EXTERIORES

Pasada la Puerta del Puente, y dejando a la izquierda el triunfo de San Rafael, enfilamos la calle Torrijos. A su derecha se alza la majestuosa fachada occidental de la Mezquita-Catedral, cuyo airoso campanario asoma por encima de las almenas. A la izquierda surge el Palacio Episcopal, sede del **Museo Diocesano de Bellas Artes**, que reúne interesantes

Interior de la Mezquita.

colecciones artísticas de los siglos XIII al XVIII, principalmente escultura y pintura; aunque también muebles, tapices, ornamentos y libros, así como retratos de obispos y de reyes.

Tras el severo aspecto de su fachada, con torres y contrafuertes, el **Palacio Episcopal** es un edificio barroco, de los siglos XVII y XVIII, que se organiza en torno a un bello patio claustrado de tres pisos, a cuya entrada recibe al visitante una infrecuente escultura zoomorfa de época califal que representa un elefante. En la planta baja conserva una preciosa capilla con retablos de Duque Cornejo, y junto a ella arranca la vistosa escalera principal de mármol negro.

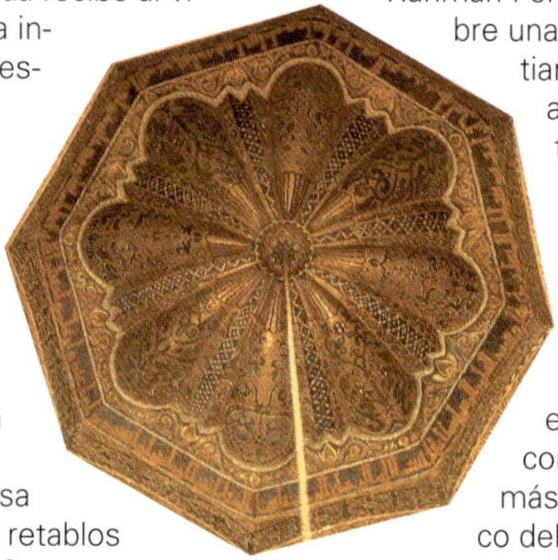

Cúpula del vestíbulo del mihrab.

El contiguo edificio es el antiguo **Hospital de San Sebastián**, del siglo XVI, adaptado a **Palacio de Congresos** tras una respetuosa restauración. Su patio mudéjar cerrado por doble claustro es un remanso en el que refugiarse del ajetreo exterior. Un esbelto arco de medio punto abierto en el muro enmarca un viejo torreón del Alcázar califal. La antigua capilla del hospital luce a la calle la mejor portada de gótico humanista existente en Córdoba, obra de Hernán Ruiz I, cuyo interior acoge la **Oficina de Turismo** de la Junta de Andalucía, donde puede admirarse una maqueta de la Mezquita-Catedral.

Llegó por fin el momento de entrar en la **Mezquita-Catedral**, el principal monumento de Córdoba. La construcción de la Mezquita fundacional la emprendió el emir Abd al-Rahman I en el 785, sobre una basílica cristiana dedicada a San Vicente. Como aún se puede apreciar, consta de once naves, que introducen el elemento constructivo más característico del monumento, el doble arco –de herradura el inferior y de medio punto el superior–, que proporciona altura al edificio y ligereza a la estructura. La falta de recursos y la necesidad de acabar cuanto antes el templo obligaron a reutilizar elementos de edificios anteriores, principalmente basas, capiteles, fustes y cimacios de construcciones romanas y visigodas. Esta reutilización se mantiene en la **primera ampliación**, llevada a cabo por Abd al-Rahman II a partir del 848 en dirección sur, pro-

Portada del mihrab.

longando las once naves con ocho nuevos arcos cada una. El primer califa, Abd al-Rahman III, no emprende nueva ampliación de la sala de oración, aunque sí del patio, y construye el alminar, que pervive enfundado por la torre cristiana. Su hijo, el califa al-Hakam II, llevará a cabo a partir del 962 la **segunda ampliación**, más suntuaria y rica, con la prolongación, también hacia el sur, de la sala de oración, incorporando once hileras de arcos. Esta riqueza alcanza su apogeo en el **mihrab** –recinto sagrado donde se depositaba el Corán–, y en su vestíbulo, coronado por una cúpula octogonal recubierta de mosaico bizantino, al igual que la portada del propio mihrab. Una rica decoración a base de motivos vegetales y epigráficos –que exaltan la grandeza de Alá y reproducen versículos o *suras* del Corán– plasmada en mármoles, mosaicos y yeserías, reviste las zonas más nobles. En la *quibla* o entorno del mihrab los arcos adoptan formas polilobuladas y se entrelazan para formar bellas y complejas composiciones finamente decoradas, como se puede apreciar tanto en la cabecera de las naves contiguas al mihrab como en el lucernario de al-Hakam II o antigua **capilla de Villaviciosa.**

La **tercera** y última **ampliación** la lleva a cabo Almanzor a partir del año 987, quien, a falta de espacio por el sur, dada la proximidad del río, la realiza hacia el este, incorporando ocho naves; es la ampliación más extensa, pero también la más pobre y monótona. Por fortuna, no destruyó totalmente las puertas orientales de la Mezquita, que permanecieron parcialmente incorporadas al muro divisorio interior y permitieron así que el arquitecto Ricardo Velázquez Bosco las tomara como modelo para restaurar y reconstruir las puertas exteriores, tal como hoy las vemos.

La conquista cristiana de Córdoba en 1236, pone fin a cinco siglos largos de culto islámico en la Mezquita aljama o principal, cuyo recinto queda convertido primero en templo cristiano y, a partir de 1239, en **Catedral**.

A finales del siglo XV la capilla mayor para las solemnidades litúrgicas se estableció en las naves delimitadas por las tres primeras hileras de la ampliación de al-Hakam II, delante del lucernario conocido más tarde como capilla de Villaviciosa, lo que obligó a desmontar las columnas y arcos del correspondiente espacio rectangular. Pero, a partir de 1523, el obispo Alonso Manrique emprende la construcción «en medio de la iglesia» de los **crucero, capilla mayor y coro** más majestuosos, iniciativa que contó con la inicial oposición del concejo municipal y con la tardía lamentación del propio Carlos I, que había autorizado las obras.

Entre la citada fecha y 1607 se lleva a cabo la construcción del conjunto, que se inicia en estilo gótico para terminar renacentista y manierista, bajo la sucesiva dirección de los maestros mayores Hernán Ruiz I, Hernán Ruiz II y Juan de Ochoa, reforma que obligó a desmontar unas cuarenta columnas con sus arcos en las ampliaciones de Abd al-Rahman II y Almanzor. Tanto la capilla mayor como los brazos del crucero se cubrieron con bóvedas de lacería, mientras que la nave del coro lleva bóveda de cañón rebajado con lunetos, y está decorada con yeserías. En el centro de todo ello, sobre el crucero, se alza una colosal bóveda oval de Juan de Ochoa.

El arquitectónico **retablo mayor**, de mármoles rojos y lenguaje manierista, fue erigido en 1625 por el hermano jesuita Alonso Matías, y actualmente enmarca lienzos del pintor barroco cordobés Acisclo Antonio Palomino, realizados en 1713, que representan la Asunción de la Virgen y a los patronos de la ciudad. El vistoso tabernáculo de mármoles policromos se debe a Sebastián Vidal. Sobre la capilla mayor pende una gran lámpara de plata, labrada en 1629 por el orfebre Martín Sánchez de la Cruz y, a ambos lados, dos artísticos **púlpitos** tallados en madera de caoba, sustentados por los símbolos de

Capilla mayor de la Catedral.

los evangelistas y labrados en mármol. (Por cierto que el toro envuelto en nubes que representa a San Lucas, lo interpreta la leyenda popular como el animal empleado para transportar las columnas, y que reventó al traer la Última). Excepcional interés artístico tiene la barroca **sillería del Coro**, una de las mejores de España, tallada en madera de caoba antillana entre 1747 y 1758 por el artista sevillano Pedro Duque Cornejo. Consta de 106 sillas, además de los sitiales reservados a la jerarquía; las sillas de arriba, destinadas a los canónigos, llevan grandes medallones con episodios de las vidas de Jesús y de la Virgen María, y otros más pequeños con escenas del Antiguo Testamento; las sillas inferiores, para beneficiados y demás ministros, ostentan medallones pequeños con los mártires cordobeses. La cristianización del recinto también conllevó la paulatina construcción de **capillas** en su perímetro, destinadas al enterramiento de obispos, canónigos y miembros de la nobleza, con la obligación de losar la correspondiente nave. Cerca de un centenar de capillas y altares llegó a haber en la Catedral, hoy reducidas a la mitad. Tantas capillas guardan obras artísticas de mérito, como retablos, esculturas y pinturas, principalmente de los siglos XVI al XVIII, así como notables labores de rejería, pero en su mayoría quedan

Torre catedralicia desde el Patio de los Naranjos.

eclipsadas por la grandeza y singularidad del monumento. Entre ellas destacan la mudéjar **Capilla Real**, tras la antigua capilla de Villaviciosa, del siglo XIV, decorada con delicadas yeserías; la de la **Concepción**, barroca, del siglo XVIII, en el costado oriental; y la de **Santa Teresa** o **del Cardenal,** de la misma centuria, en la que se muestra la vistosa custodia gótica de Enrique de Arfe. Sirve esta capilla de acceso al **tesoro catedralicio,** que reúne cerca de quinientas piezas desde el siglo XIII hasta hoy, como relicarios, cálices, copones, urnas eucarísticas, cruces procesionales y de altar, imágenes y candeleros, colección en la que están representados los punzones de los mejores orfebres cordobeses, especialmente Damián de Castro. La **capilla de San Bartolomé** guarda los restos del poeta Luis de Góngora, que fue racionero de la Catedral.

En el ángulo suroeste del recinto se encuentra la antigua **capilla del Sagrario**, convertida en parroquia, que ostenta una abigarrada decoración de pinturas al fresco realizadas en 1585 por el artista italiano César Arbasia, y desarrolla un programa iconográfico protagonizado por mártires cordobeses. Contigua a la parroquia, y en el recinto de la antigua capilla de San Esteban, se instaló en 1996 el **Museo** de este nombre, en el que se muestran restos de decoración original de las portadas, elementos decorativos realizados por los restauradores, vaciados de las marcas de los canteros y otras curiosidades arqueológicas. En el extremo opuesto de este mismo lado sur se creó en 1995 el **Museo de San Vicente**, que contiene una colección de arqueología visigoda procedente de la basílica de igual nombre.

La superficie cubierta del monumento tiene unas dimensiones de 128 metros de anchura por 175 de profundidad, incluido el Patio de los Naranjos, que representa alrededor de 22.423 metros cuadrados. El interior conserva 626 columnas, algunas de ellas empotradas, y las reformas cristianas desmontaron más de medio centenar. Desde el punto de vista del culto religioso, todo el recinto está consagrado como catedral cristiana, aunque haya quienes crean que catedral es sólo la zona del crucero y el resto mezquita. Pero su peso histórico y la singularidad arquitectónica han consagrado como denominación habitual del monumento la de Mezquita-Catedral, que en sí misma es una contradicción. La denominación correcta sería Catedral de Córdoba, antigua Mezquita. Los cordobeses distinguen ambos nombres en el habla cotidiana, de modo que cuando acuden a una función religiosa dicen «vamos a la Catedral», y cuando acompañan a amigos forasteros a visitar el monumento prefieren decir «vamos a ver la Mezquita».

En la antesala de la Catedral, el antiguo patio de abluciones de la Mezquita se transformó en el **Patio de los Naranjos**, que toma el nombre del centenar de árboles de esta especie que regalan su sombra a los miles de turistas que a diario transitan por esta moderna Babel. Fuentes y acequias amenizan tan acogedor recinto, cuyo silencio elogió el maestro Azorín, y que constituye un lugar ideal donde recuperarse del cansancio físico y de las emociones estéticas que siempre produce la visión del monumento, auténtico «bosque de columnas», como se le ha denominado. Entre las fuentes destaca la de Santa María, del siglo XVIII, con su caño llamado del Olivo por el centenario árbol que pervive junto a él.

Virgen de los Faroles en el exterior de la Mezquita.

Domina el Patio de los Naranjos la **torre cristiana,** de 54 metros de altura, que ofrece fotogénicas perspectivas enmarcada por los arcos peraltados de los pórticos laterales. Construida sobre el alminar árabe –que permanece dentro como sustentación–, fue proyectada a finales del siglo XVI por Hernán Ruiz III, que murió antes de verla concluida en 1617. Sin embargo la construcción se resintió, hasta el punto de que hubo de ser reparada en 1660. También le afectó en 1755 el terremoto de Lisboa, que obligó a una nueva reparación. A principios de los noventa fue sometida a una restauración, que le ha proporcionado más claridad y transparencia, y que la iluminación nocturna parece transformar en torre de oro.

El recorrido exterior del monumento ofrece también un notable interés, especialmente las fachadas occidental, que da a la calle Torrijos, y oriental, en la calle Magistral González Francés. En la primera, de norte a sur, se abren sucesivamente las **puertas** de los Deanes, San Esteban o San Sebastián –la más antigua, fechada en el año 885–, San Miguel, Espíritu Santo, San Ildefonso y Postigo de Palacio, mientras que en la fachada oriental se hallan las de Santa Catalina, que da al patio, San Juan, Baptisterio, San Nicolás, Concepción Antigua, San José, la Magdalena o Sagrario y Jerusalén. Muchas de estas puertas, que jamás se abren, se inscriben en fachadas de gran belleza decorativa, que combinan celosías, arquillos ciegos y tableros de mármol finamente labrados con motivos vegetales. Sorprenden algunas de estas portadas por su perfecta conservación, pero no hay que engañarse, pues corresponden a intervenciones restauradoras llevadas a cabo en el primer cuarto de siglo por el arquitecto Ricardo Velázquez Bosco. En la fachada norte abre, junto a la torre, la **Puerta del Perdón**, obra mudéjar realizada en 1377 por encargo de Enrique II.

Tras visitar un monumento tan abrumador, bien vendrá ahora un paseo sosegado por las quebradas calles del entorno catedralicio. A pocos metros por la derecha, se adosa a la fachada el **altar de la Virgen de los Faroles**, erigido en el siglo XVIII, que ostentó un cuadro de Julio Romero, hoy reemplazado por una copia que realizó el hijo del pintor.

Frente a la Virgen de los Faroles se abre la calle dedicada hoy al arquitecto Velázquez Bosco, primer restaurador de la Mezquita, y antes llamada de las Comedias porque en ella hubo un corral de representaciones. Frente a la calleja de las Flores abre una tienda de *souvenirs* que conserva en su interior uno de los poquísimos **baños árabes** que sobreviven en una ciudad donde hubo 3.900, según los exagerados cronistas árabes, y que se puede visitar previo pago de 100 pts. La **calleja de las Flores**, hermoseada por la cal y las macetas, desemboca en la placita del mismo nombre, amenizada por su fuente, y que posee la intimidad de un patio vecinal. Si se vuelve, verá la mejor perspectiva que regala la torre catedralicia, enmarcada por la calleja y sus arcos; es una de las postales más difundidas de Córdoba. A mitad de la calleja abre el taller Meryan, que lleva medio siglo recuperando la tradición de los cueros artísticos.

Todas estas calles del entorno catedralicio están pobladas de tiendas de *souvenirs*, donde se pueden comprar postales, recuerdos y regalos.

Patio del Museo Arqueológico, instalado en el Palacio de los Páez.

ITINERARIO III. PLAZAS Y MUSEOS

Frente a la puerta catedralicia de **Santa Catalina,** surge la placita de este nombre, de la que parte la calle dedicada al músico cordobés Martínez Rücker, que nos lleva a otra plaza recoleta, la de la **Concha**, apellido del linaje que habitó la casa señorial situada en su vertiente izquierda, sede hoy de la Institución Teresiana, que la cuida amorosamente. A la vera de la casa se abre la **calleja de Pedro Ximénez**, más conocida como *del Pañuelo,* pues esa es la anchura de su tramo más angosto; es una calleja sin salida que desemboca en la plaza más pequeña del mundo, apenas quince metros cuadrados y que tiene un nombre tan sugerente como *Rincones del Oro.* Es como un pequeño patio privado, amenizado por una modesta fuente cuya taza es un brocal árabe. Observará que el tenue rumor de las fuentes antiguas es la música natural más adecuada para acompañar estos rincones íntimos, en los que pervive el alma imperturbable de una Córdoba intemporal.
La calle Martínez Rücker desemboca al instante en la **plaza de Abades**, por donde estuvo la antigua alcaicería árabe; hoy es un enclave de calles presidido por la modesta **ermita de la Concepción**, de

■ **Museo Arqueológico**
Pl. Jerónimo Páez, 7.
✆ 957 471 076.
🕘 Martes, de 15 a 20 h; miércoles a sábados, de 9 a 20 h; domingos y festivos, de 9 a 15 h.
Precios: gratuito para españoles y ciudadanos de la UE, y 250 pts. para los del resto de países.

■ **Museo de Bellas Artes**
Pl. del Potro, 1.
✆ 957 473 345.
🕘 Martes, de 15 a 20 h; miércoles a sábados, de 9 a 20 h; domingos y festivos, de 9 a 15 h.
✂ Lunes.
Precios: gratuito para españoles y ciudadanos de la UE, y 250 pts. para los del resto de países.

■ **Museo Romero de Torres**
Pl. del Potro, 1.
✆ 957 491 909.
🕘 **Laborables:** de 10 a 14 y de 16:30 a 18:30 h (octubre a abril), o de 18 a 20 h (mayo a septiembre).
Domingos y festivos: de 9:30 a 14:30 h.
✂ Lunes.
Precios: 450 pts.
Viernes, gratuito.

mediados del XVIII, que ha recobrado la decoración crema y rojiza de la fachada, a imitación de mármoles. Tomaremos ahora, por la izquierda, la calle Osio, a la que se asoman portaditas de abolengo, como la de la casa número 10. Poco más adelante, en el 2, abre la *taberna Santa Clara,* con alma y patios de casa antigua, como el de los limoneros. Al desembocar en la calle Rey Heredia, dejamos a la derecha el antiguo **convento de Santa Clara**, que se alza sobre una pretérita mezquita. La restauración del edificio recuperará la superposición de culturas romana, árabe y cristiana.

Subimos unos metros por Rey Heredia para tomar, a la derecha, Horno del Cristo, calle que adentra en la plaza de Jerónimo Páez, agradable y espaciosa, sombreada por acacias, casuarinas, naranjos y pinos. Bajo los árboles, una fuente moderna de mármol blanco y gris contrasta con las mansiones que la flanquean.

Sarcófago paleocristiano en el Museo Arqueológico.

Por la izquierda, el antiguo **Palacio de Casas Altas**, amorosamente restaurado por Elie Namhias, un acaudalado judío, ya fallecido, que se enamoró de Córdoba y lo adquirió para pasar en él algunas temporadas, que se conoce por «casa del Judío». El bar *La Plazuela* extiende sus veladores en la explanada.

En el lado opuesto de la plaza surge el palacio renacentista de los Páez de Castillejo, sede del **Museo Arqueológico**, en el que las piedras hablan para explicar las raíces de Córdoba, desde la Prehistoria hasta el Renacimiento. Sobresalen las colecciones romanas, en la planta baja, y árabes, en la planta superior. De las primeras destacan las marmóreas esculturas del dios Mithra sacrificando al toro y de Afrodita agachada, un sarcófago paleocristiano y la serie de mosaicos, entre ellos el de las Estaciones; y entre las segundas, la estrella es sin duda el cervatillo de bronce procedente de Medina Azahara, sin menospreciar las finas labores de atauriques y capiteles califales ni la cerámica verde y manganeso de la misma época. La colecciones están armoniosamente dispuestas en patios y salones del antiguo palacio, que ostenta al exterior una erosionada portada proyectada en el siglo XVI por Hernán Ruiz II y Sebastián de Peñarredonda. Tomaremos la calle dedicada a Julio Romero de Torres, quebrada e íntima, que invita a recorrerla sin prisa. Y es que estas callejas quebradas y silenciosas, en las que resuenan los propios pasos, se explican por sí solas; tal es su capacidad de sugerencia. Al final, confluye por la izquierda con la calle Cabezas, en la que merece la pena adentrarse un poco. Las austeras casas señoriales de la acera derecha contrastan con el imponente torreón defensivo del siglo XV, perteneciente a la antigua **mansión de los Marqueses del Carpio**; poco más adelante, la angosta **calleja de los Arquillos**, cerrada por verja, evoca la leyenda de los Siete Infantes de Lara, sobre la que ilustra una lápida con texto de Menéndez Pidal. Regresaremos al inicio de la calle para dirigirnos al **Portillo**, puerta medieval abierta en la muralla que separaba la Villa o centro urbano de la Ajarquía o arrabales. Al otro lado del Portillo, baja, festoneada de naranjos, la calle de San Fernando o de la Feria, que debe este nombre a las fiestas que celebraba la antigua cofradía del hospital de la Lámpara o del Amparo, del gremio de calceteros, y que menciona Baroja en *La feria de los discretos*: «...aquí se celebraban antiguamente la mayoría de los espectáculos. Ahí se ejecutaba, se corrían toros y cañas, y durante los ocho días anteriores a la Virgen de Linares, los calceteros tenían una gran feria. Por eso en las calles hay tantas ventanas y galerías».

Casi enfrente del Portillo se abre un curioso arco, de 1782, intercalado entre las casas, por el que accedemos al compás de San Francisco, placita ajardinada dominada por la parroquia de la misma advocación, templo de origen conventual como denota el visible claustro adyacente, en proceso de restauración; en el ángulo del claustro, una vieja fuente mana a borbotones. Junto a la fachada del

Detalle de la portada de San Francisco y San Eulogio.

Fuente y Posada del Potro.

templo se halla una fuente neobarroca, decorada con azulejos que reproducen el cuadro de Valdés Leal *La Virgen de los Plateros,* lo que proporciona una pista bien clara para saber que en este barrio se concentró antaño el gremio de los plateros cordobeses, que hoy extienden sus talleres artesanales por toda la ciudad.

La actual **parroquia de San Francisco y San Eulogio** perteneció en su origen al convento franciscano de San Pedro el Real, uno de los fundados a extramuros por Fernando III tras la conquista de Córdoba. Aunque recientes restauraciones han recuperado elementos de su arquitectura medieval en el ábside y brazo izquierdos, el aspecto que ofrece es barroco, a raíz de las reformas realizadas, como en tantos templos cordobeses, a lo largo del siglo XVIII. Tras una portada de mármol gris, de hacia 1731, con la imagen de San Fernando en la hornacina, se abre una iglesia organizada en una nave con crucero y triple cabecera con ábsides. El crucero se cubre con bóveda oval sobre pechinas muy decoradas, mientras que a los lados de la nave se abren arcos de medio punto que dan acceso a las capillas –lado de la Epístola– o enmarcan retablos –lado del Evangelio–, todos ellos recorridos por tribunas. Completan la transformación barroca del templo retablos del mismo estilo, entre los que destaca el mayor, de Teodosio Sánchez de Rueda.

Guarda el templo una interesante colección de pintura cordobesa del siglo XVII, así como imágenes granadinas de la misma centuria, entre las que destacan un Ecce Homo atribuido a La Roldana; San Pedro de Alcántara, de Pedro de Mena y *Jesús en el Huerto,* de su círculo. Algunas de las obras artísticas proceden de la desaparecida parroquia de San Nicolás y San Eulogio de la Ajarquía.

Volvemos a la calle de la Feria para tomar la de San Francisco, que se abre poco más abajo. En el número 6 se halla una centenaria taberna de la cadena Sociedad de Plateros, que data de 1872. Casi al final, una bocacalle nos adentra en la **plaza del Potro**. Fue el centro de la picaresca cordobesa en los siglos XV-XVII, así que hay que imaginársela frecuentada por mercaderes, comerciantes, diligencias, cocheros, lacayos, escuderos, arrieros, fregonas, tratantes, truhanes, meretrices y vividores de variada condición. Como reza un azulejo, Cervantes «mencionó este lugar y barrio en la mejor novela del mundo». En su perímetro llegó a haber seis posadas, pero hoy sólo queda la del Potro, que el Ayuntamiento rescató para uso cultural, especialmente exposiciones. Asomarse a su patio, recorrido en la planta alta por balaustrada de madera, es trasladarse al siglo XVI. Pero el símbolo más representativo de la plaza del Potro es la fuente del mismo nombre, de 1577, cuyo pilón octogonal invita a refrescarse en los calurosos veranos. Cierra la plaza por el sur un **triunfo de San Rafael,** realizado por Michel de Verdiguier hacia 1768 para la plaza del Ángel, trasladado aquí en 1924.

Frente a la fuente estuvo el Hospital de la Caridad de Nuestro Señor Jesucristo, fundado en 1493, que se mantuvo abierto hasta 1837.

Aspecto interior del Museo Julio Romero de Torres.

El edificio acoge hoy los **museos** de **Bellas Artes** y de Julio Romero de Torres. El primero, gestionado por la Junta de Andalucía, permite conocer especialmente a pintores barrocos cordobeses y andaluces, como Antonio del Castillo, Acisclo A. Palomino, Ruiz de Sarabia, Fray Juan del Santísimo Sacramento, Valdés Leal e incluso Zurbarán. También dedica una sala al escultor cordobés Mateo Inurria y a pintores cordobeses de este siglo. Guarda el museo una importante colección de dibujos, que suele mostrar en exposiciones temporales.

A la derecha del romántico patio interior abre sus puertas el **Museo de Julio Romero de Torres** (1874-1930), de titularidad municipal. Inaugurado poco después de su muerte, reúne unas sesenta obras del pintor cordobés más popular de todos los tiempos, que plasmó en sus cuadros el alma de la ciudad y, sobre todo, un prototipo de mujer cordobesa de piel morena, pelo recogido en moño y mirada profunda y melancólica. Joyas de la colección son: *Nuestra Señora de Andalucía* (1907), *Ángeles y Fuensanta* (1909), el *Poema de Córdoba* (1913), *Viva el pelo* (1928), *Naranjas y limones* (1928), *Cante hondo* (1929), *La nieta de la Trini* (1929) y *La chiquita piconera*, una de sus últimas obras, cuya modelo, María Teresa López González, aún vive.

Naranjas y limones, de Julio Romero de Torres.

Podemos aprovechar que la plaza del Potro se abre al Guadalquivir a través de la calle Enrique Romero de Torres para asomarnos al **paseo de la Ribera**, que, pese al nombre, perdió tan plácida condición desde el desdoblamiento de la travesía, así que habrá de tener precaución al atravesarla, buscando el paso de peatones más próximo. Las viejas barandillas son un buen mira-

dor sobre el meandro del río y el antiguo embarcadero, con rampas para bajar al escueto muelle, frecuentado a veces por pescadores. Cada 16 de julio las peñas pasean por este tramo, en pintoresca procesión fluvial, a la Virgen del Carmen. A la izquierda verá las moribundas ruinas del **Molino de Martos,** mientras que sobre la orilla opuesta se alza un duro murallón de aspecto algo siniestro, levantado en los años cincuenta para defender de inundaciones el barrio del Campo de la Verdad.
Volveremos a desandar la calle Enrique Romero de Torres –con el buen tiempo los mesones y tabernas del entorno, como Callejón, El Potro o La Ribera, extienden sus sombrillas y veladores y ofertan sus menús económicos– para volver al pie del triunfo y tomar la calle de los Lineros, a la derecha. Le llamará la atención un curioso y restaurado altar callejero dedicado a San Rafael, que se alza en la esquina con la calle Candelaria y que data del siglo XVIII. Casi enfrente, abren las *Bodegas Campos,* instaladas en unas antiguas casas recuperadas con gusto y respeto. Aparte de la taberna y el restaurante, ambientados en plan taurino, la casa brinda curiosidades tales como sus botas, con dedicatorias estampadas por gentes famosas y populares, la colección antigua de carteles de feria y sus patios de estilo popular, como el llamado del Santo Dios.

ITINERARIO IV. LAS IGLESIAS FERNANDINAS, ALMA DE LOS BARRIOS

A través de las calles Lineros, Carlos Rubio y La Rosa saldremos a la plaza de **San Pedro**, dominada por la **parroquia** del mismo nombre. Tras la portada renacentista realizada en 1542 por Hernán Ruiz II, se levanta un templo de fundación fernandina cuya construcción se inició a finales del siglo XIII sobre la basílica mozárabe de los Tres Santos, en honor de los mártires Fausto, Januario y Marcial. Tiene el templo planta rectangular, organizada en tres naves cerradas por ábsides poligonales cubiertos con bóvedas de crucería. Separan las naves pilares compuestos sobre los que apean arcos de medio punto, y cuyo aspecto actual responde a unas obras de consolidación realizadas en el primer tercio del siglo XVII. Su retablo mayor, «una de las máquinas más espléndidas del barroco cordobés», a juicio de la profesora M. A. Raya, fue realizado por Félix Morales en el primer tercio del siglo XVIII.
Entre las capillas del templo destacan la del Bautismo, de la segunda mitad del siglo XVIII, y, sobre todo, la de los Santos Mártires, de mediados del XVIII, con un retablo de Gómez de Sandoval en el que se exponen a la veneración, en una artística urna de plata, las **reliquias de los Santos**

Plaza de la Corredera.

Mártires cordobeses, restos hallados en el templo en 1575, que pertenecen a cristianos martirizados tanto en época romana como musulmana, y cuya autenticidad fue confirmada por el arcángel San Rafael en su aparición de 1578 al padre Roelas. En los últimos años, el templo, reabierto al culto en 1998, ha sufrido obras de consolidación y restauración, que han suprimido algunos elementos barrocos y han recuperado parte de su fisonomía original. También se ha colocado en la fachada un nuevo rosetón.

Tras el templo se extiende la plataforma de una tranquila plaza, en la que no falta la cantarina fuente neobarroca; y frente al costado del lado del Evangelio se abre la **plaza de Aguayos**, a la que da nombre la antigua casa señorial de este linajudo apellido. Tiene una portada mudéjar de principios del XVI, y es hoy colegio de la Sagrada Familia o de las Francesas. A un lado de la plaza se alza, protegido por artística verja, un **triunfo de San Rafael** costeado en 1763 por los Condes de Hornachuelos, que por la noche iluminan cuatro faroles. En la placita o ensanche que se extiende ante el templo se halla la sede de la Casa de Galicia, cuyo bar brinda especialidades genuinas de aquella tierra.

A través de la angosta calle dedicada al escultor cordobés Juan de Mesa, nos acercamos a la plaza de la Almagra, que es una mera confluencia de calles centrada por una farola fernandina con fuente incorporada. Casi enlazada con la Almagra surge más arriba la **plaza del Socorro**, presidida por la ermita en la que se venera la Virgen de esta advocación, patrona y protectora de los comerciantes de la Corredera, que la colman de frutos en su festividad.

Por el Arco Bajo entramos en la **Corredera**, que con su aspecto de plaza porticada castellana es la más singular de Córdoba. El recinto data de época árabe, pero debe su aspecto actual a la remodelación llevada a cabo en 1687 por el corregidor Ronquillo Briceño, que respetó la Casa del Corregidor y Cárcel –edificio de 1583 rehabilitado hoy como mercado– y las llamadas «casas de doña Jacinta», cuya propietaria se opuso a la demolición.

La Corredera es un rectángulo de 5.525 metros cuadrados de superficie, cuyos lados, ligeramente desiguales, miden 112, 35, 109 y 37 metros. Su nombre deriva de uno de los usos que tuvo primitivamente, las corridas de toros y cañas, bien distintas a las actuales, organizadas con motivo de visitas reales y grandes solemnidades; sus 360 balcones constituían privilegiados palcos, desde los que contemplarlas. Pero conoció la Corredera otros usos menos festivos, pues en ella tuvieron lugar ejecuciones públicas, inquisitoriales autos de fe, arrebatadores sermones y hasta un combate naval conmemorativo de la batalla de Lepanto. Hoy acoge fiestas de máscaras por Carnaval y mítines políticos en las campañas electorales. Desde 1893, hasta su demolición en 1959, se alzó en el centro del rectángulo el mercado central de la ciudad, que ocultó la contemplación de la plaza. Como cierto reflejo de aquellos tiempos, hoy los sábados por la mañana se instalan puestos de venta ambulante.

A través del Arco Alto salimos de la Corredera para subir por la empinada calle Rodríguez Marín o Espartería, jalonada de comercios variopintos. Al coronarla sorprende la airosa perspectiva que cobran los restos

Restos del Templo Romano.

Fachada de la iglesia de San Pablo.

del **Templo Romano**, destinado a dar culto al emperador y construido a mediados del siglo I. Las columnas estriadas rematadas por capiteles corintios que la restauración ha puesto en pie, contrastan con el moderno diseño de la vecina **Casa Consistorial**, inaugurada en 1985. En la planta baja del Ayuntamiento son visibles los restos de la muralla oriental de la ciudad romana, y que, oculta detrás de las casas, discurre siguiendo el trazado de la calle Alfaros.

Pero el monumento más sobresaliente de la calle Capitulares es la **Real Iglesia de San Pablo**, majestuoso templo gótico-mudéjar que se esconde tras la engañosa portada barroca situada frente al Ayuntamiento. Esta portada exterior introduce en un compás o patio dominado por la fachada del templo, de severidad manierista, con un bello rosetón en el centro. A la derecha de la fachada llama la atención una torre de madera, con aspecto de jaula, que cobija un infrecuente carillón de reciente restauración –el tercero de España, según dicen–, compuesto por 32 campanas que lanzan al aire melodías religiosas y profanas.

La iglesia de San Pablo corresponde al antiguo convento dominico de este nombre, fundado por Fernando III y arruinado tras la desamortización decimonónica. A finales del siglo XIX el templo fue cedido –en deplorable estado– a los misioneros claretianos, emprendiendo su restauración el padre Pueyo con la ayuda del arquitecto Adolfo Castiñeyra y del escultor Mateo Inurria, que recuperaron el aspecto original del monumento. Es una iglesia de tres naves, sin crucero y con triple ábside, el central poligonal y cubierto con bóveda de crucería. Esbeltos arcos apuntados que se prolongan en otros ciegos, sustentados por sólidos pilares, separan las naves. La central conserva el artesonado mudéjar de 1536. Al siglo XV corresponde un interesante conjunto de capillas, como son las de las Ánimas, San José y Leonor López de Córdoba; esta última, reformada en la segunda mitad del siglo XVIII, cuando se incorporó el camarín de la Virgen del Rosario, de mármoles policromos, «una de las más notables creaciones del barroco cordobés», a juicio de la profesora M. A. Raya. Cerca del ábside derecho, la antigua sala capitular conserva una bóveda de arcos entrecruzados, de probable origen almohade. Entre el patrimonio artístico que guarda el templo, destacan: la imagen de la *Virgen de las Angustias,* una piedad tallada en 1627 por el imaginero cordobés Juan de Mesa y el *Cristo de la Expiración,* crucificado granadino de la misma centuria.

Esquivando el constante tráfico que sube al centro, bajaremos ahora por la calle San Pablo. Poco antes de su final se abre, por la derecha, la **plazuela de Orive**, dominada por el **palacio** del mismo nombre y que ostenta la mejor fachada del Renacimiento civil cordobés, trazada por Hernán Ruiz II en 1560; adquirido por el Ayuntamiento, su interior es objeto de cuidadosa restauración para destinarlo a uso cultural. En el antiguo huerto del convento de San Pablo –bajo el que unas recientes excavaciones han confirmado la existencia de un circo romano–, se proyecta crear un espacioso jardín interior.

Acaba San Pablo en la ajardinada **plaza de San Andrés**, apenas un ensanche de la calle, amenizada por palmeras, naranjos y floridos parterres. En su centro surge una elegante fuente de 1664, que armoniza con la fachada de la **casa señorial de los Luna**, edificio renacentista de mediados del siglo XVI con bella portada y dos curiosos balconcillos en esquina. Frente a la placita se alza la **parroquia de San Andrés**, templo al que recientes obras de restauración le han permitido recobrar parte de su belleza original.

Detalle de la portada de San Andrés.

Es otra de las parroquias fundadas tras la conquista de Córdoba, y edificada entre los siglos XIII-XIV sobre una antigua basílica visigoda dedicada a San Zoilo. Pero su primitiva traza medieval fue transformada en el siglo XVIII, en que se amplió y cambió de orientación, quedando la antigua iglesia integrada en los brazos del nuevo crucero. El renovado templo, terminado en 1733, es de tres naves cubiertas con bóveda de arista, y posee retablos barrocos de la misma época, entre los que destaca el mayor. Guarda también una buena colección de pintura cordobesa del XVII.

La remozada torre se levantó en el último cuarto del siglo XVI, y destaca en ella la gran balconada que remata el primer cuerpo, sobre el que se alza el de campanas, girado 45 grados sobre el primero.
Avanzamos ahora por el **Realejo**, núcleo comercial del barrio en el que decadentes portadas blasonadas conviven con tabernas populares, como *Casa Julián,* y confiterías de barrio como *El Realejo,* «la casa de las tartas», y *San Rafael,* que lleva más de sesenta años acreditando el genuino pastel cordobés. Al final del Realejo seguiremos por la calle Muñices, a la derecha, que toma el nombre del antiguo palacio de este linaje, adaptado a colegio público.
Enseguida desembocamos en la ajardinada **plaza de la Magdalena**, corazón verde del barrio, que está presidida por la **iglesia** del mismo nombre, otra de las catorce parroquias fundadas por Fernando III tras la conquista de Córdoba y la de más temprana construcción (siglo XIII), en un estilo de transición del románico al gótico con influencias mudéjares. Consta de tres naves, divididas por arcos apuntados cuya cabecera la cierra un triple ábside, el central poligonal y con bóveda de nervios. Al exterior, el templo se abre por tres puertas ojivales, dos de ellas abocinadas. La torre data de finales del siglo XVIII. Suprimida como parroquia en 1890, y cerrada al culto en 1956, el abandono, los incendios y las interrupciones sufridas por las obras de reparación, fueron originando un paulatino deterioro y la dispersión o desaparición de su patrimonio artístico. La colaboración entre instituciones ha puesto fin a tan largo calvario con la conclusión de su restauración. En la fachada se ha colocado un rosetón de sabor mudéjar. Este templo acoge ahora actividades culturales organizadas por CajaSur, como exposiciones y conciertos.
Sombreada por la arboleda –entre la que se aprecian acacias y casuarinas–, y amenizada por jóvenes parterres de reciente remodelación, la plaza de la Magdalena brinda sus bancos al viajero fatigado para invitarle a descansar y a observar la mole del templo recién restaurado, así como la vida cotidiana del barrio. A mediados del siglo XVIII, esta plaza fue escenario de corridas de toros. En el lado opuesto a la iglesia se alza la **antigua ermita de San José,** de 1580, hoy integrada en la contigua casa señorial. En el lugar donde estuvo la desaparecida Puerta de Andújar la plaza desemboca en la Ronda de Andújar.
Si quiere apreciar un soberbio retablo pictórico de Valdés Leal, acérquese, siguiendo por la derecha, a la **iglesia conventual del Carmen**, en Puerta Nueva, que está a dos pasos. Fundada en 1542 por los Carmelitas Calzados, fue reformada en el siglo XVII, centuria a la que pertenece la

joya de su retablo, acabado en 1658 por el artista sevillano Valdés Leal y compuesto por doce telas, la mayor de las cuales representa la asunción del profeta Elías en el carro de fuego. Su reciente restauración ha devuelto al retablo el esplendor barroco y la frescura de una pintura recién terminada. El contiguo edificio, adaptado para Facultad de Derecho, conserva en su interior el barroco claustro conventual del siglo XVIII.
Regresamos por Ronda de Andújar hasta enlazar con Arroyo de San Lorenzo y salir a la plaza de este nombre, formada por una confluencia de calles y presidida por la parroquia del mismo título.
Construida en el siglo XIII sobre una anterior mezquita, la **parroquia de San Lorenzo** es una de las más bellas iglesias fernandinas de Córdoba. Domina su fachada un soberbio rosetón bajo el que se abre un pórtico de sabor castellano con tres arcos apuntados, y, tras él, la portada ojival. A la izquierda de la fachada se alza la torre, de traza renacentista, construida por Hernán Ruiz II en 1555 sobre el alminar de la primitiva mezquita. Como en San Andrés, el segundo cuerpo de campanas aparece girado sobre el primero. Por las noches, la amarillenta iluminación artística convierte en oro fachada y torre.
Interiormente, la iglesia consta de tres naves sin crucero y cabecera cerrada por ábsides, el central pentagonal y cubierto por bóveda de crucería. Decoran la capilla mayor restos de pinturas murales de los siglos XIV-XV, que representan escenas de la Pasión, santos y profetas. Separan las naves sólidas pilastras que sostienen arcos apuntados, sobre los que se sobreponen otros ciegos de medio punto,

Parroquia de San Lorenzo.

siguiendo la austeridad del modelo cisterciense. Entre las capillas sobresalen las del siglo XIV, como la Magdalena –en la que se venera el patético Cristo del Remedio de Ánimas, crucificado del XVII– y Villaviciosa, hoy Sagrario. El retablo mayor, de finales del XVII, fue desmontado en los años sesenta para dejar a la vista las pinturas medievales del ábside, y se ha instalado a la entrada del templo.

En este barrio de San Lorenzo, que corresponde a la almunia árabe de al-Muguira, nació en el 994 el poeta Ibn Hazm, autor del hermoso libro de filosofía amorosa *El collar de la paloma*, y tiene dedicada una fuente en el jardincito situado ante la iglesia.

Estamos en el corazón de otro barrio popular y profundo de la Ajarquía, en el que sólo sobra el perturbador tráfico.

A espaldas de la parroquia, la angosta calle Trueque –situada frente a la iglesia salesiana de María Auxiliadora– conserva en la casa número 4 un hermoso patio popular, muy premiado en los concursos municipales.

Seguimos ahora por la calle Roelas, que nace a la derecha de San Lorenzo y, en pocos pasos, nos lleva a la plaza de San Rafael, en la que se halla la **iglesia del Juramento**, con su sobria portada neoclásica, de piedra flanqueada por torres gemelas, dedicada al Arcángel Custodio de Córdoba. Donde estuvo la casa del padre Roelas, escenario de la aparición arcangélica de 1578, se edificó este templo a finales del siglo XVIII, que reemplazó a otro anterior más pequeño. Sus tres naves desembocan en una cabecera circular, cubierta por cúpula. Un templete neoclásico cobija la talla policromada de San Rafael, realizada por Alonso Gómez de Sandoval. Entre las pinturas cabe destacar las firmadas por el artista cordobés Acisclo Antonio Palomino, del siglo XVII. La iglesia es muy frecuentada por los devotos de San Rafael el 24 de octubre, día de su festividad en Córdoba. También la visitan los estudiantes para encomendarse a San Judas Tadeo y colgar cintas verdes a los pies de su imagen. En la misma acera de la iglesia abre el mesón *Casa la Abuela,* con agradable patio arbolado en el que tomar carnes a la brasa.

El callejero del entorno honra repetidamente al Arcángel; por la izquierda, la plaza desemboca en Arroyo de San Rafael, pero, huyendo del tráfico, tomaremos, a la derecha de la iglesia, una calle quebrada e íntima que responde al nombre de Custodio y que nos lleva a la plaza del Pozanco, apacible rincón donde los vecinos adornan, a primeros de mayo, una de las cruces más concurridas y premiadas de Córdoba. Aquí iniciamos el recorrido por el **barrio de San Agustín.**

Más adelante surge, por la izquierda, la calle San Agustín, que desemboca enseguida en la espaciosa plaza del mismo nombre, presidida por el templo homónimo. La **iglesia de San Agustín** perteneció a un convento de Agustinos, fundado por Fernando III tras la conquista y trasladado a este lugar en 1328. La iglesia medieval sería semejante a las que se construyeron en Córdoba por la misma época, y de entonces pervive la organización en tres naves y la triple cabecera cubierta por bóvedas de crucería. Pero debe su aspecto actual a las transformaciones llevadas a cabo en el primer tercio del siglo XVII, en que se alteraron algunos elementos originales y se decoraron bóvedas, muros y pilastras con esculturas, pinturas y ornamentaciones.

Elementos que componen un denso y estudiado programa iconográfico, en el que destaca la serie de pinturas murales sobre los dogmas de fe contenidos en el Credo, que cubren la bóveda de la nave central, atribuidas a Juan Luis Zambrano, y cuya organización recuerda la bóveda del coro catedralicio. La portada, de estilo gótico-manierista, y la torre, datan del siglo XVI. Adversidades como el incendio sufrido durante la invasión francesa, el cierre que siguió a la exclaustración y la insuficiente atención afectaron a su buena conservación, estado de la que intenta redimirla una inconclusa restauración.

A comienzos del siglo XX se hicieron cargo del templo los dominicos.

Bajo las apacibles sombras de plátanos y palmeras, la **plaza de San Agustín** eleva su pavimento en plataforma, mientras sus bancos de fundición invitan a sentarse para contemplar, sobre todo por las mañanas, el movimiento cotidiano que registra esta zona comercial del barrio, otro pueblo dentro de la ciudad. Desde el centro de la plaza, y envuelto en su castiza capa, contempla este ajetreo el busto en bronce de Ramón Medina, cantor de fiestas y costumbres tradicionales.

El casco antiguo de Córdoba es una sucesión casi inacabable de plazas, por las que parece respirar la quebrada trama callejera. Y nada más dejar la plaza de San Agustín surge la más recoleta de las Beatillas. A ella se asoma una taberna popular, *El Rincón de las Beatillas,* que aglutina peñas taurinas y flamencas, lo que salta a la vista en su decoración. El patio cubierto es lugar ideal para tomarse un respiro y tapear. Continuamos ahora por Rejas de Don Gome, dejando a ambos lados calles menestrales y sosegadas, cuyos nombres –como Zarco, Hinojo o Parras– tienen un inconfundible sabor popular. Frente a la placita de Muñoz Capilla, las rejas que dan nombre a la calle muestran, a modo de anticipo, uno de los trece patios del Palacio de Viana, que nos espera a la vuelta de la esquina, por la derecha.

En la recoleta placita de Don Gome, tras una pétrea porta-

Palacio de Viana. Patio de las Columnas.

da manierista del XVII, abre el **Palacio de Viana**, que hasta 1980 perteneció a los Marqueses de este título y es hoy propiedad de CajaSur, entidad financiera que lo mantiene abierto a la visita turística y lo conserva tal como lo habitaron los aristócratas. El conjunto, formado por la adición sucesiva de casas colindantes, ejemplifica la evolución de la mansión señorial cordobesa. Su medio centenar de galerías, estancias y salones –entre los que destacan los de Tobías, Goya, Rojo y Artesonado– guardan notables colecciones de muebles, pinturas, tallas, tapices, alfombras, lámparas, porcelanas, azulejos, armas, cueros artísticos y otros objetos suntuarios.

La «reina de las casas cordobesas», como la llamó un erudito, es también un verdadero «museo del patio», pues tiene trece, que responden a los nombres de Recibo, Archivo, Capilla, Cancela, Jardineros, Pozo, Invernadero, Jardín –más que un patio, en el que destacan sus setos de boj–, Madama, Columnas, Rejas, Naranjos y Gatos. Cítricos, rosales, jazmines, buganvillas, yedras, damas de noche, plumbagos o celestinas, glicinias, clivias, agapantos y hasta ochenta especies vegetales embellecen paramentos y arriates, que, especialmente en primavera, regalan sus colores y aromas. Restos arqueológicos enriquecen algunos de estos patios, en los que no suelen faltar las fuentes con surtidores, que dibujan una pincelada de ensoñación árabe. Invitan los patios de Viana a perderse en ellos sin prisa para dejarse envolver por las sensaciones y reencontrarse con la Córdoba callada.

La visita a las dependencias interiores se realiza en una hora, guiada por azafatas que explican su contenido, mientras que los patios se recorren discrecionalmente con la ayuda de un plano.

Subiendo por la calle **Santa Isabel** nos asomaremos ahora a la **iglesia** del convento de esta advocación, de monjas clarisas franciscanas, que se alza tras un patio recoleto dominado por dos corpulentos cipreses. Data de los siglos XVI-XVII, es de estilo renacentista, consta de una sola nave y cubre su cabecera una bóveda esquifada muy decorada, que ostenta en su centro el escudo de los Marqueses de Villaseca, mecenas de la fundación conventual. El retablo mayor en piedra data del siglo XVII, y enmarca relieves de Pedro Roldán que representan la Visitación y la Coronación de la Virgen. Si es miércoles, la iglesia estará muy concurrida por cordobeses que bajan a pedir salud y

■ **Palacio de Viana**
Pl. Don Gome, 2.
✆ 957 480 134.
🕘 **De octubre a mayo:** de lunes a viernes, de 10 a 13 y 16 a 18 h; sábados, de 10 a 13 h.
Del 16 junio a septiembre: de lunes a sábados, de 9 a 14 h.
✂ Domingos y festivos, y del 1 al 15 de junio.
Precios: 500 pts.

Parroquia de Santa Marina.

trabajo a San Pancracio. En un despacho del patio se pueden adquirir algunas de las especialidades dulceras del último obrador monjil que queda en Córdoba, como pastelillos cordobeses, yemitas de coco, perrunillas y otras dulzuras.

La calle se curva suavemente para desembocar en la **plaza de Santa Marina**, corazón del barrio de este nombre, que fue antaño famoso por sus toreros y piconeros. Preside la plaza la **parroquia de Santa Marina de Aguas Santas**, otra de las iglesias fundadas por Fernando III, construida en los siglos XIII-XIV en estilo de transición románico-gótico, desfigurado por las reformas realizadas en los siglos XVII y XVIII, que las restauraciones han ido restableciendo. Los contrafuertes que en la fachada soportan el empuje de las naves le dan aspecto de fortaleza. Bajo un rosetón gótico-mudéjar se abre la portada, formada por un arco apuntado y abocinado. Similar es la portada del lado del Evangelio, con sabor

Monumento a Manolete.

medieval. El campanario –que se alza sobre el costado meridional– es obra renacentista del segundo Hernán Ruiz, erigido sobre el primer cuerpo de la torre medieval. Interiormente, la iglesia se estructura en tres naves sin crucero, cerradas por un triple ábside poligonal –el central, cubierto por bóveda de crucería–, y separadas por arcos formeros que se apoyan en pilares compuestos y se prolongan en arcos ciegos, en los que se abren ventanas de luz, como en otras iglesias de la época. La nave central se cubre con artesonado mudéjar. Destacan las capillas de los Orozco, del siglo XV, hoy sacristía, y de la Virgen del Rosario, del siglo XVII. A las mismas centurias pertenece el notable patrimonio artístico que guarda el templo.

La plaza de Santa Marina se une con la de los **Condes de Priego**, situada enfrente de la iglesia, en la que se alza el monumento dedicado a Manuel Rodríguez *Manolete*, obra del escultor Alvarez Laviada y del arquitecto Luis Moya, que fue erigido en 1956 con el producto de una magna corrida de toros encabezada por el diestro mexicano Carlos Arruza, rival y sin embargo amigo del *Monstruo*. Mientras toma una copa en la *taberna Santa Marina* podrá contemplar fotos y recuerdos del último *califa* del toreo, depositados por la antigua «Peña Amigos de Manolete».

Torre de la Malmuerta.

Subiremos por la calle Mayor de Santa Marina –que arranca frente a la preciosa portada parroquial del lado del Evangelio– hasta desembocar en otra plaza manoletina, **La Lagunilla**, en la que pasó el torero su niñez y juventud. La modesta casa que habitó con su madre Angustias Sánchez fue demolida hace años, pero la plaza conserva el primer monumento que Córdoba le dedicó: un elegante busto de bronce amenizado por estanque y palmeras, y esculpido por Juan de Ávalos, que más tarde alcanzó fama como autor de las colosales esculturas del Valle de los Caídos. Enfrente de La Lagunilla se encuentra la **ermita de San Acisclo y Santa Victoria**, donde las Esclavas del Santísimo Sacramento, de blancos hábitos, adoran permanentemente la Eucaristía.

ITINERARIO V. RUMBO A LAS TENDILLAS, CORAZÓN PROVINCIANO

Nos encontramos en la **Puerta del Colodro**, así llamada en memoria de Alvar Colodro, soldado de Fernando III que fue el primero en escalar la torre que guardaba este acceso de la Ajarquía, iniciando así la reconquista incruenta de Córdoba. Al otro lado del blanco muro, el tranquilo barrio de los toreros da paso a la avenida de las Ollerías, de tráfico intenso, que nos lleva, por la izquierda, a la **torre de la Malmuerta**, fortaleza albarrana –es decir, unida a la muralla– que «mandó facer el muy poderoso Rey Don Enrique» y que se terminó en 1408. Construida con finalidad defensiva, tuvo a lo largo de los tiempos otros usos, como prisión de nobles, observatorio astronómico y polvorín. Hoy es sede de la Federación de Ajedrez, pero su medieval grandeza queda muy disminuida por los edificios que la rodean y que, salvo en los nombres de algunas calles, no han dejado rastro del antiguo barrio del Matadero Viejo, cuna de toreros. A la sombra de la torre pervive la *taberna de Paco Acedo,* refundada en 1941, que frecuentaba Manolete y que conserva el salón donde se reunía con sus amigos a jugar al dominó.

Al otro lado de la torre se extiende la **plaza de Colón**, conocida también como Campo de la Merced, que en la antigüedad fue cementerio romano a extramuros y, entre 1759 y 1831, escenario de festejos taurinos. En el corazón de la plaza se extiende un cuidado **parque** de estilo inglés, delimitado por una verja, con paseos radiales que confluyen en un salón central hermoseado por una vistosa fuente neobarroca de los años veinte. En una vertiente de la plaza se alza el **antiguo convento de la Merced**, edificio barroco construido entre 1716 y 1745 que, tras la desamortización, pasó a ser hospicio y en los años sesenta fue restaurado y adaptado para sede de la Diputación, pasando así de convento a palacio provincial. Su singular fachada barroca de placas, pintadas a imitación de mármoles policromos, ostenta una portada churrigueresca de blanca piedra que corresponde a la iglesia. El templo poseía un notable retablo barroco de Gómez de Sandoval, convertido en cenizas por el incendio que en 1978 provocó un pirómano, y en cuya reproducción trabaja desde hace años una escuela-taller. Interiormente, merecen verse el claustrado patio principal, con decoración de placas, similar a la fachada, y la artística escalera de mármoles. Decora las estancias del palacio una colección de pintura cordobesa de los siglos XIX y XX, y en sus galerías suelen celebrarse interesantes exposiciones artísticas.

Antiguo Convento de la Merced, sede de la Diputación Provincial. Fachada de la iglesia y patio barroco.

Una inscripción en mármol asegura que en este antiguo convento se alojó Cristóbal Colón, mientras aguardaba entrevistarse con los Reyes Católicos para proponerles su proyecto descubridor. El vicario del cenobio, Juan Infante, que le acompañaría en la expedición, ofició la primera misa en el Nuevo Mundo.
Siguiendo la acera del Palacio de la Merced, llegamos a la Ronda de los Tejares, principal eje del moderno centro. Conviene acercarse hasta los bajos del número 6, donde CajaSur ha abierto una sala de Exposiciones Museísticas, para conocer la muestra de turno. Cruzando la ronda llegamos a la Puerta Osario y tomamos la angosta calle Burell, que enseguida desemboca en la **plaza de las Doblas**. Tiene un umbroso jardín con bancos de granito, que invitan a sentarse para descansar y contemplar de paso los fragmentos de fustes estriados procedentes del Templo Romano. Enfrente hace esquina la **casa señorial de los Marqueses de Valdeflores**, de traza neoclásica, terminada a principios de siglo y que ha sido ahora adquirida y res-

El Cristo de los Faroles.

taurada por un acomodado empresario.

La plaza de las Doblas es la antesala de la de **Capuchinos**, la más seductora de Córdoba en la sencillez de su «rectángulo de cal y de cielo», como la describe escuetamente el poeta Ricardo Molina, quien estima que este recinto encarna «el celebrado silencio y la famosa soledad de Córdoba». La plaza se configuró a lo largo de los siglos XVII y XVIII, y en 1794 se erigió su monumento más característico, el Cristo de las Misericordias y Desagravios, conocido popularmente por **Cristo de los Faroles**, cautivo entre rejas y alumbrado en las noches por ocho tenues faroles, que muchos comparan a un paso de Semana Santa cuyos costaleros lo hubiesen abandonado en mitad de la plaza. Aunque se visite durante el día, hay que volver a esta plaza de noche, cuando el silencio y las tinieblas desvanecidas por los faroles aumentan su recogimiento y su misticismo.

Al fondo de la plaza se levanta la sobria fachada de la **iglesia conventual de los Capuchinos**, que edificaron con limosnas poco después de establecerse en este lugar en 1633, y cuya verdadera advocación es al Santo Ángel. El templo es de mediados del siglo XVII, tiene planta de cruz latina y una sola nave, que se cubre con bóveda de cañón y media naranja en el crucero. Interiormente es casi tan austero como la fachada, y domina en él la blancura de la cal. Ostenta un retablo mayor pictórico, al que se incorporó un templete central de traza barroca. El convento fue demolido tras la desamortización de 1835, y refundado en 1905.

La vertiente derecha de la plaza corresponde al antiguo Hospital de San Jacinto, para pobres incurables, hoy residencia de ancianos atendida por monjas servitas. Su recoleta **iglesia** barroca data de 1731, y en ella recibe culto la **Virgen de los Dolores**, una enjoyada imagen barroca realizada en 1719 por el artista granadino Juan Prieto, que es la que más devoción despierta entre los cordobeses; miles de ellos forman interminables colas en la plaza, el Viernes de Dolores, para entrar a rezarle. El templo tiene planta rectangular y nave cubierta con bóveda de cañón, así como media naranja sobre

pechinas en el apenas insinuado crucero.
Por una angosta calle se desemboca en la escalonada **cuesta del Bailío**, coronada por la portada plateresca del antiguo **Palacio de los Fernández de Córdoba**, de finales del XV, atribuida al primer Hernán Ruiz. Las casa ha sido objeto de reciente restauración, para ubicar en ella la Biblioteca de al-Andalus. Merece la pena bajar la enchinada escalinata para contemplar, desde la calle Alfaros, el hermoso juego de volúmenes que brinda. Pero volveremos a subirla para continuar, por la izquierda, hasta la cercana plaza del Cardenal Toledo, popularmente llamada de **las Dueñas** por el convento que ocupó antaño este lugar. La plaza está amenizada por un jardín en cuya plataforma central surge una fuente de blanco mármol que parece escapada de un patio señorial.
Un soberbio cedro del Himalaya, palmeras, fresnos, plátanos, acacias y otras especies vegetales regalan su sombra, mientras los bancos brindan asiento para deleitarse en este oasis.
En la vertiente de la plaza que corresponde al trazado de la calle Carbonell y Morand surge la grácil espadaña del **convento de Nuestra Señora de la Concepción** de las Benitas y Bernardas Recoletas, más conocido por el **Císter**, fundado en la villa de Guadalcázar en 1620 y trasladado a Córdoba medio siglo más tarde. Poco más abajo, una barroca portada de piedra con una Inmaculada en su hornacina anuncia la bien conservada iglesia del mismo estilo, construida en 1729, que consta de una nave con crucero cubierto por cúpula oval.

Salón Liceo del Círculo de la Amistad.

Contrasta la fachada del Císter con el edificio que surge enfrente y que recorre toda la acera; se trata de la fachada lateral del **antiguo Gobierno Civil,** construcción modernista de 1906 proyectada por el arquitecto Angel Castiñeyra, hoy adaptado a centro docente. Siguiendo el edificio torceremos, a la derecha, por la calle Alfonso XIII, a la que asoma la fachada principal, con un ampuloso balcón.
Unas casas más arriba está el **Círculo de la Amistad**, casino señorial creado en 1850,

Escalera barroca del antiguo Colegio de los Jesuitas.

con el que poco más tarde se fusionaría el Liceo Artístico y Literario. La sociedad ocupó el antiguo convento de Nuestra Señora de las Nieves, de Agustinas Recoletas, del que conserva un hermoso claustro de finales del siglo XVI, convertido en patio principal. Otra joya del Círculo, que ha tenido etapas de gran actividad cultural, es su deslumbrante **Salón Liceo**, recinto decimonónico diseñado por Juan Rodríguez y decorado con pinturas de los hermanos Fernández Alvarado –en el techo, alegóricas de las Bellas Artes– y del pintor historicista sevillano José Rodríguez Losada, que recorren la parte superior y representan episodios y personajes notables de la historia cordobesa. La decoración se completa con espejos, molduras y lámparas de araña que confieren un decadente aire decimonónico al salón, escenario de conciertos, representaciones teatrales, bailes de sociedad, pregones, homenajes y otros actos sociales y culturales. En las escaleras de acceso a la planta alta conserva el edificio una serie de seis lienzos alusivos a las artes, realizados por Julio Romero de Torres en 1905, en un fragante estilo modernista, bien distinto al que le daría fama después. Este itinerario turístico por Córdoba está jalonado de plazas, como vemos. Poco más arriba se extiende, a la derecha, la de Capuchinas, en la

Nocturno de Las Tendillas.

que, protegido por una esbelta araucaria, se levanta el **monumento** dedicado al obispo cordobés Osio (256-357), que presidió el Concilio de Nicea e inspiró la oración del Credo cuando los arrianos pusieron en duda la divinidad de Jesucristo. Fue inaugurado en 1925, y es obra del escultor Coullaut-Valera. Tras la estatua abre la barroca **iglesia conventual de San Rafael**, más conocida por el nombre de sus religiosas, las capuchinas, templo del primer tercio del siglo XVIII, de una sola nave con bóveda de cañón y un retablo mayor de madera sin dorar labrado por Teodosio Sánchez de Rueda.

El convento de Clarisas Capuchinas, fundado en 1655, se estableció en la casa palacio del Conde de Cabra y Duque de Sessa Antonio Fernández de Córdoba, que lo cedió para tal fin cuando su hija Margarita María sintió la llamada religiosa. Por eso, en su clausura conserva elementos de aquella mansión, como el patio claustrado con capiteles antiguos y un salón cuya puerta decoran yeserías mudéjares. Desde la angosta calle Conde de Torres Cabrera, a espaldas de la estatua, se accede al recoleto **patio** conventual, cuyas galerías de arcos peraltados cobijan devociones populares, entre ellas San Antonio, que invocaban las solteras para encontrar novio. La vertiente izquierda incorpora capiteles romanos de acarreo. Poco más adelante abre por la izquierda la calle peatonal de San Zoilo, mártir cordobés de época romana, que tuvo aquí ermita, de la que pervive la fachada. La breve calle desemboca enseguida en la **plaza de San Miguel**, dominada por la **parroquia** del mismo nombre, cuyo aspecto medieval contrasta con las edificaciones del entorno. Esta es otra de las iglesias fundadas por Fernando III tras la conquista, y fue erigida sobre una mezquita, en estilo románico de transición al gótico, en los siglos XIII y XIV. Consta de tres naves sin crucero, que terminan en ábsides poligonales cubiertos por crucería gótica; la central conserva el artesonado mudéjar, mientras que las laterales mantienen las bóvedas de arista que, en el siglo XVIII, desfiguraron su fisonomía medieval. Como en los demás templos de la época, delimitan las naves potentes pilastras compuestas que sustentan arcos apuntados que se prolongan en otros ciegos. Interesantes son: la capilla mudéjar de los Vargas, del siglo XV, hoy baptisterio, y la del Sagrario, en el ábside izquierdo, del XVIII. A esta centuria también corresponden el retablo mayor de mármol rojo y la sencilla torre. Sobre la portada de arco apuntado con arquivoltas, ostenta un vistoso rosetón. Tiene interés la portada mudéjar del costado de la epístola, del XIV, con arco apuntado de herradura decorado con dovelas de ataurique.

A la sombra del templo abre la taberna San Miguel, fundada en 1880, conocida por *Casa El Pisto,* clásica y concurrida. Por la angosta calleja de los Barqueros desembocamos en la placita Mármol de Bañuelos, para continuar por Victoriano Rivera o calle de la Plata, que nos lleva a la **plaza de Las Tendillas**, salón de estar y corazón de un centro comercial que se ha ido prolongando hacia el norte.

La reciente remodelación de Las Tendillas ha modernizado su aspecto, y la ha ganado para el peatón, pero mantiene los edificios que le dan carácter.

La plaza actual surgió a mediados de los años veinte, tras la demolición del *Hotel Suizo* y la construcción de edificios que representaban la arquitectura de aquellos años. El edificio más antiguo de la plaza es el que hace esquina con la calle Claudio Marcelo, que data de 1868 y acoge hoy el **Instituto Luis de Góngora**, que conserva un patio claustrado y una preciosa capilla barroca del primer tercio del XVIII; el centro tiene su antecedente en el Instituto de Segunda Enseñanza, de 1847, y en el Colegio de la Asunción, fundado en 1577.

Pero el símbolo más representativo de la plaza es el **monumento** ecuestre al militar montillano Gonzalo Fernández de Córdoba, **El Gran Capitán** (1453-1515), en cuyo pedestal se recuerdan los nombres de sus celebradas victorias en Italia, entre ellas Ceriñola y Garellano, que valieron la conquista para España del reino de Nápoles. El monumento fue realizado por el escultor cordobés Mateo Inurria, y estuvo situado inicialmente en la Avenida del Gran Capitán, pero en 1927 fue trasladado a su actual emplazamiento. Llamará la atención del observador que el caballo y el cuerpo del militar sean de bronce, mientras su cabeza es de mármol blanco, lo que hace creer a muchos cordobeses que ésta corresponde al torero *Lagartijo,* cuyo retrato también esculpió Inurria. Otro elemento singular de la plaza es su reloj flamenco, en la esquina con la calle Gondomar, que da las horas con rasgueos de guitarra por soleares.

Las Tendillas es el corazón de una ciudad provinciana, algo así como su centro urbano oficial, algo anclado ya en los recuerdos, pues la Córdoba del presente se mira en otros espejos y espacios más modernos; pero, a pesar de ello, se la venera como un símbolo. También conserva su condición de salón mayor para recepciones de reyes y meta de manifestaciones. Si quiere tomar el pulso a Las Tendillas y

Detalle de Las Tendillas con el monumento al Gran Capitán.

a la propia ciudad que representa la plaza habrá de sentarse en una de sus terrazas y trabar conversación con los *limpias,* los camareros o los vendedores de lotería, su galería humana más habitual.

Bajaremos ahora por la calle dedicada al pretor romano **Claudio Marcelo**, vía comercial situada a espaldas del monumento al Gran Capitán, para conocer algunos edificios modernistas de principios de siglo; de especial interés son las casas números 8 y 4, en la acera izquierda, así como la 11 y la que hace esquina con García Lovera 7, en la derecha, edificios modernistas de la segunda década del siglo, casi todos proyectados por Ángel Castiñeyra. En la citada casa número 4, pasó su niñez y juventud el escritor cordobés Antonio Gala. Al final de la calle,

vislumbraremos otra perspectiva del **Templo Romano**, aunque menos imponente que la contemplada antes desde la Espartería. En esta calle se van estableciendo bares y cafeterías de acogedor aspecto como *La Gloria, Caroche* y *Calle Nueva.*
Por la calle García Lovera, que atraviesa hacia su mitad la de Claudio Marcelo, nos dirigiremos ahora, por la derecha, a la **plaza de la Compañía**, una concentración de interesantes monumentos dieciochescos que la peatonalización realza. En medio de la plaza surge otro **triunfo de San Rafael**, sustentado por cuatro columnas, que fue erigido en 1736. Al fondo del mismo blanquea la mole de la antigua parroquia de Santo Domingo de Silos, sin culto desde 1782, que en los años ochenta fue adaptada para **Archivo Histórico Provincial**. Sin embargo, la restauración no alcanzó a su torre, de traza barroca, rematada por balcón mirador, que permanece aislada y abandonada. Domina el primer sector de la plaza la **parroquia de San Salvador y Santo Domingo de Silos**, establecida en 1782, años después de la expulsión de los Jesuitas, en la iglesia llamada de la Compañía, que habían edificado en la segunda mitad del XVI para su contiguo Colegio de Santa Catalina, creado en 1555. Este templo, «uno de los ejemplares más interesantes del manierismo en Andalucía» para el profesor Villar Movellán, data de la segunda mitad del siglo XVI y su traza se atribuye a Hernán Ruiz *el Joven.* Tiene planta de cruz latina y su nave central se cubre con bóveda baída, mientras que el crucero ostenta una cúpula semiesférica de casetones rematada por linterna. Guarda el templo un rico patrimonio artístico de los siglos XVII y XVIII; al primero pertenecen el retablo de San Francisco Javier y el *Cristo yacente,* mientras que al Setecientos corresponden la capilla del Sagrario, en el brazo izquierdo del crucero; el retablo mayor en madera sin dorar, labrado por Teodosio Sánchez de Rueda, y el retablo de Nuestra Señora del Socorro, de mármoles policromos, de Gómez de Sandoval.
A continuación de la parroquia se extiende la fachada del antiguo Colegio de los Jesuitas, reedificado en 1719, que conserva una hermosa escalera barroca de jaspes en su interior. El edificio acoge hoy las **Escuelas Pías de la Inmaculada**. Cierra la plaza por el fondo un soberbio pórtico hexástilo, rematado por frontón triangular, que corresponde a la **iglesia de Santa Victoria**, templo neoclásico de planta circular; en su perímetro interior se disponen parejas de columnas corintias, que sostienen el entablamento, un tambor con luminosas ventanas y bóveda semiesférica. Entre las columnas se alojan altares con retablos pictóricos, salvo el mayor, que re-

cuerda en su estructura el pórtico exterior. La iglesia y el contiguo colegio, proyectados por el arquitecto francés Baltasar Dreveton, se levantaron entre 1761 y 1788, pero en 1772 el hundimiento de la cúpula hizo que participara en la terminación el gran arquitecto Ventura Rodríguez.

La acera izquierda de la calle Santa Victoria está recorrida por la fachada del **colegio** del mismo nombre, regentado por las Escolapias, y en ella destaca la portada con un elegante balcón. La calle se estrecha y desciende, ahora con el nombre de Juan Valera, para desembocar en la de Ángel de Saavedra, el escritor romántico más conocido por Duque de Rivas, que nació en un palacete, hoy en vías de restauración y situado a poca distancia. Junto a él se alza la **iglesia conventual de Santa Ana**, de monjas Carmelitas Descalzas, templo barroco de los siglos XVII-XVIII, con planta de cruz latina, que se cubre con bóveda de cañón y media naranja en el crucero. Esta iglesia aparece restaurada tras el incendio sufrido en 1993, que destruyó algunos retablos y esculturas. El retablo mayor, del círculo de los Sánchez de Rueda, se terminó en 1710. En la bella portada barroca, de piedra gris, una hornacina acoge el grupo escultórico de Santa Ana, la Virgen y el Niño.

Fachada renacentista del Conservatorio Superior.

Volvemos a la confluencia de Juan Valera con Ángel de Saavedra, que forman una plazoleta presidida por una bella fachada renacentista de mediados del siglo XVI, lo único que pervive del antiguo palacio del Marqués de la Fuensanta del Valle, en el que se estableció, en 1955, el **Conservatorio Superior de Música**. Su capaz auditorio suele ofrecer conciertos de entrada libre. Seguimos por la calle Jesús y María, para salir de nuevo a la plaza de Las Tendillas. Tomaremos ahora la peatonal **calle Gondomar**, que surge a la izquierda, justo bajo el reloj flamenco. Es un tradicional y activo eje comercial, que no ha escapado a la renovación, ahora con *boutiques,* bazares y tiendas de regalos. Hacia la mitad de la calle se encuentra la *librería Luque,* la más antigua de Córdoba, aunque tampoco ha podido escapar a la renovación arquitectónica. Al final de la vertiente derecha, sobrevive, retranqueada y avenida, concebida inicialmente como paseo, fue el eje del ensanche urbanístico experimentado por Córdoba durante la segunda mitad del siglo XIX, favorecido por la llegada del ferrocarril en 1859. Escaparate de la Córdo-

Moderna fuente que cierra el Bulevar.

cautiva tras una moderna fachada acristalada, la portada del derruido **Palacio de los Marqueses de Boil**, triste destino seguido en las últimas décadas por muchas casas señoriales. Decora el hall la reproducción de una colosal estatua thoracata romana del siglo I. Suelen frecuentar este tramo pedigüeños músicos callejeros, que inundan el aire de melodías.

Desemboca Gondomar en la **Avenida del Gran Capitán**, cuyo primer tramo se conoce ahora por *«el Bulevar»*, tras la remodelación llevada a cabo a finales de los ochenta. Esta

ba de entresiglos, a ella se asomaban los principales hoteles, teatros y cafés, en alternancia con algunos palacios y casas señoriales, casi todo ello ya desaparecido y reemplazado por oficinas de entidades financieras. Permanecen, por fortuna, los monumentos. El primero y principal es la **iglesia parroquial de San Nicolás de la Villa**, que cierra el Bulevar por el sur.

Es un templo de origen mudéjar, erigido en el siglo XIII sobre una mezquita precedente, en el que dejarían su huella, como en otras muchas iglesias cordobesas, los estilos renacimiento y barroco. De planta casi cuadrada, consta de tres naves sin crucero, separadas por arcos formeros sustentados por pilastras cuadrangulares, como los de otras iglesias de la misma época; se trata de arcos apuntados, por encima de los cuales voltean otros ciegos de medio punto. La cabecera es tripartita, y el ábside central se cubre con bóveda de crucería, mientras que la nave principal conserva un artesonado del siglo XVI. La singular torre medieval, concluida en 1496, consta de dos cuerpos: el primero cuadrangular; y el segundo, octogonal, rematado por un friso de arquillos ciegos y crestería, sobre el que se eleva un sencillo campanario. La portada del lado de la Epístola conserva los rasgos medievales, mientras que la del Evangelio o principal es obra renacentista construida por Hernán Ruiz *el Joven* en 1555. De la misma época es la capilla del Bautismo, cubierta por una bella bóveda seudoelíptica.

En el primer tramo de la acera de los impares pervive el **Gran Teatro**, inaugurado en 1873, hoy gestionado por una fundación pública municipal, que oferta una programación variada. Merece la pena tomar la calleja aneja al teatro, Menéndez y Pelayo, para internarse en la recoleta **plaza de San Hipólito** y conocer la **Real Colegiata** del mismo nombre, templo fundado por Alfonso XI en la primera mitad del siglo XIV, época a la que corresponde el ábside poligonal de la cabecera y la bóveda de crucería, de estilo gótico. Pero las obras permanecerían interrumpidas hasta el primer tercio del siglo XVIII, en que se construyen, ya en estilo barroco, la nave con bóveda de cañón, las capillas –entre las que destacan las del Cristo de la Buena Muerte y del Pilar– y la portada. A ambos lados del presbiterio se hallan los sepulcros de los reyes Alfonso XI, el fundador, y Fernando IV, cuyos restos fueron trasladados –en el siglo XVIII– desde la Capilla Real catedralicia. La inacabada torre data del último tercio de la misma centuria, como el mediano claustro que se abre al Bulevar y en el que se halla el sepulcro del erudito Ambrosio de Morales, cronista de Felipe II. A finales del siglo XIX la iglesia fue cedida a los Jesuitas, compensándoles así de la pérdida de la suya propia.

En este escaparate de modernas arquitecturas, que tanto contrastan con los edificios más tradicionales que aún perviven, concluimos el itinerario turístico por el casco histórico de Córdoba a través de sus monumentos y rincones más representativos, incluidos algunos barrios de la Ajarquía que los turistas no suelen frecuentar. Tras tan larga caminata, llena probablemente de emociones estéticas y vivencias humanas, bueno será tomar asiento en cualesquiera de las terrazas que pueblan el Bulevar para descansar y percibir también, entre juegos de niños, el latido de la Córdoba más cosmopolita que se abre al norte.

Dónde comer

La patronal de hostelería ha acuñado el eslogan «Para comer, Córdoba», que resume el auge que la gastronomía cordobesa ha alcanzado en las últimas décadas. Hasta los años sesenta, apenas si había en Córdoba unos cuantos bares-restaurantes y casas de comidas basadas en la cocina familiar. Partiendo de esa excelente cocina familiar, y con espíritu emprendedor, un tabernero de San Cayetano, José García Marín, levantó a pulso y prestigió un restaurante, *El Caballo Rojo*, a cuyo amparo y estímulo la ciudad ha conocido tal desarrollo gastronómico que puede hoy ofrecer una docena de restaurantes que llenan de contenido el eslogan.

LA DESPENSA PROVINCIAL

El auge de la cocina cordobesa se sustenta en tres factores: la calidad de los productos naturales, la recuperada cocina familiar tradicional y un afán investigador que ha rescatado platos del pasado andalusí y mozárabe.
El mapa agrícola y ganadero provincial aporta como materias primas el cerdo ibérico, el cordero y el vacuno criados en las dehesas de Los Pedro-

ches, los venados y jabalíes abatidos en las monterías que se celebran en los grandes cotos de Sierra Morena, los productos hortofrutícolas de la vega del Guadalquivir o de las huertas de Cabra y Puente Genil, los vinos finos que dan las viñas de la zona Montilla-Moriles, los incomparables aceites vírgenes de los olivares de Baena, Bujalance y las Subbéticas; o la harina obtenida de los extensos trigales campiñeses, por no hablar de la bondad de los ajos de Montalbán, del membrillo de Puente Genil o de la miel de la Sierra de Hornachuelos. Semejante mapa de materias primas, más la imaginación y destreza que se le añaden en la cocina, aseguran una mesa basada en la calidad de los productos naturales. Sólo faltan los pescados, omisión que hoy suplen sin problema las buenas comunicaciones por carretera que los acercan frescos a Córdoba diariamente. La cocina familiar tradicional aporta a las cartas de los restaurantes platos como el salmorejo, el gazpacho, la boronía, la tortilla paisana, las berenjenas rebozadas, las espinacas, el revuelto de espárragos, la cazuela de habas, los potajes, el estofado de rabos de toro, el conejo al ajillo, la caldereta de cordero, la fritura de pescado, el bacalao rebozado y los adobos de pescado. A ellos se unen esmerados platos, fruto de la investigación –especialmente de la cocina mozárabe, como el cordero a la miel– y otros más sofisticados, producto de refinadas elaboraciones.

Caldereta de cordero.

Rabos de Toro al estilo de El Caballo Rojo

Ingredientes (6 personas)

3 k de rabos de toro sin sebo
2,5 k de cebollas
6 dientes de ajo
1 sobrecito de azafrán
10 gramos de pimienta molidos
Sal al gusto
1/4 l de acite de oliva de 0,4º
1 sobrecito de colorante
1 l de vino Montilla-Moriles

- Se limpian los rabos del sebo y se cortan por las coyunturas.
- Se fríe la cebolla con los ajos hasta que quede dorada. Se agregan los tomates, partidos en crudo, el azafrán, la pimienta, la sal y los rabos. Se rehoga durante 15 min.
- Cuando el guiso está dorado se agregan el vino y el colorante, y se deja hervir a fuego lento hasta que se consuman.
- Se comprueba que los rabos estén tiernos; en caso contrario, se añade agua. En una olla a presión, el tiempo de cocción se reduce a una hora.
- Una vez en su punto, se deja reposar. Lo más conveniente es prepararlo de un día para otro. Pueden añadirse patatas fritas, canela, pimienta, naranjas, hierbabuena, romero y un largo etcétera de puntos de sabor.

LA ELECCIÓN ES BIEN SENCILLA...

Córdoba tiene **vinos** propios, procedentes de la denominación de origen Montilla-Moriles, zona que comprende diecisiete municipios campiñeses, a cuyas tierras rojas o albarizas se adapta bien la cepa Pedro Ximénez, con tal riqueza de azúcar que, al fermentar el zumo o mosto, se transforma en alcohol natural que proporciona a los vinos una graduación de 14 a 16 grados. Es la base de los vinos generosos de Montilla-Moriles, que se despliegan en cuatro variedades: fino, oloroso, amontillado y dulce; a éstos que hay que unir hoy el *pale cream*, al gusto foráneo –una mezcla de dulce y oloroso– y el joven afrutado de mesa.

El prototipo de los vinos cordobeses es el **fino**, apropiado para el aperitivo y el copeo, que es el que se sirve habitualmente en las tabernas. De color amarillo pálido, es seco, avellanado, levemente amargo y fragante al paladar; su graduación alcohólica oscila entre los 14 y los 17 grados. El **amontillado** es un fino-oloroso, seco y punzante al paladar, de hermoso color ambarino u oro viejo, fiel reflejo de su conjunción de finura y vejez. Oscila su graduación entre los 14 y los 18 grados, se presta al aperitivo y combina bien con los consomés. El **oloroso** es un vino de mucho cuerpo, abocado, suave y energíco al mismo tiempo, cuyo color rojizo recuerda el de la caoba oscura. Como el amontillado, su graduación oscila entre los 14 y los 18 grados, pero rehúye la hora del aperitivo; va mejor a media mañana o a media tarde. El **Pedro Ximénez** es vino dulce de pasas, y está indicado para poner agradable broche a las comidas y alternar con pastas y dulces.

En Rute se produce tradicionalmente un excelente **anís** o aguardiente, seco y dulce, elogiado por la literatura («la bebida elegante», la llama Valle-Inclán) y obtenido a partir de la destilación de la aromática matalahúva y el alcohol. Algunas marcas de anís, como *Machaquito,* han llegado a dar nombre genérico al producto, de modo que es frecuente escuchar en tabernas de Córdoba pedir por las mañanas «un machaco». Si la copita de aguardiente se pone en un vaso de agua, tenemos una *palomita.* Con el fin de diversificar la oferta, las destilerías ruteñas siguen las corrientes de la moda incorporando a sus gamas diversos tipos de licores, tendencia que también siguen algunas bodegas de Montilla, productoras asimismo de apreciados brandys –suma de alcohol, madera y tiempo–, que se obtienen por destilación de vinos flojos y se añejan en toneles de roble.

Pestiños.

Tintos aún no se producen en Córdoba a nivel comercial, aunque sí en fase experimental, por lo que para acompañar las carnes hay que recurrir a los foráneos. El Valdepeñas se suele emplear, aquí, para elaborar en verano refrescantes sangrías y «valgas» (*Val*depeñas + *gas*eosa). Los jóvenes afrutados de Montilla-Moriles han reemplazado, prácticamente, a los riojas blancos para acompañar los pescados.

UNA DULCE HERENCIA

La herencia árabe ha quedado también reflejada en la dulcería cordobesa, llena de reminiscencias andalusíes en especialidades como los alfajores, que se elaboran por Navidad, o los pestiños, pro-

Aspecto de una bodega cordobesa.

pios de Semana Santa. Pero el dulce más vigente es el pastel cordobés, a base de hojaldre relleno de cabello de ángel o cidra confitada, que se espolvorea con canela y azúcar. Este pastel, de forma circular y bordes trenzados, comenzó elaborándose en formato individual, que recibe el nombre de «manolete», pero se ha impuesto el tamaño familiar, que permite cortarlo en manejables cuñas. En las confiterías actuales se pueden encontrar dulces clásicos, como los cortadillos de cidra, las alegrías, las torrijas o los tocinos de cielo. De Puente Genil llega el dulce o carne de membrillo, un excelente postre. La tradición dulcera de los conventos ha ido a menos, y hoy sólo pervive el obrador de las monjas Clarisas de Santa Isabel de los Ángeles.

ESTABLECIMIENTOS MÁS DESTACADOS

Seleccionaremos, por orden alfabético, algunos restaurantes cordobeses, siguiendo criterios de calidad y de emplazamiento, en la zona monumental y en el centro urbano. Suelen abrir 13:00 a 16:00 horas y de 20:00 a medianoche, y admiten el pago con las tarjetas de crédito habituales. Los vinos embotellados encarecen los precios que se indican como orientativos.

ALMUDAINA

Campo Santo de los Mártires, 1.
✆ 957 474 342.
✂ Domingos noche, y domingos completos del 15 de junio a final de agosto. ♠♠
Cocina cordobesa e internacional. El menú de degustación permite conocer algunas de sus especialidades, a base de ensalada de melón con ahumados y langostinos, ensalada de pimientos asados de piquillo con escabeche de monte y corral, calabacines rellenos de mariscos en salsa de bogavante, pez espada a la cordobesa y solomillo de ternera en salsa de hongos, rematándolo todo con una calahorra a la crema de pasas y almendras. La bodega está bien surtida, con buena representación de los vinos de Rioja y de Ribera de Duero. El restaurante se halla en una antigua casa mudéjar cuidadosamente restaurada y, además de su acogedor patio cubierto tiene comedores de nombres tan cordobeses como *Mihrab, Albolafia, Azahara, Mezquita* o *Guadalquivir.*

Bodegas Campos
C/ Lineros, 32. ✆ 957 447 643.
✂ Domingos noche. ♠ ♠
Cocina tradicional elaborada. Un menú tipo se puede configurar a base de ensalada de bacalao y patatas confitadas, manitas de cerdo rellenas de foie y jamón, y tartita de membrillo, fruta fresca y crema de queso. La bodega, suficiente, con buena representación de Rioja y de vinos generosos propios. Instalado en una casa antigua, restaurada con gusto y llena de detalles ornamentales que ambientan tanto el comedor general como las privados, denominados *El Despacho, Los Célebres, Los Ganaderos, El Refectorio* y la *Sala Flamenca.*

Venenciador en
Bodegas Campos.

El Blasón
C/ José Zorrilla, 11.
✆ 957 480 625. ♠ ♠
Cocina internacional y de mercado. Representativo de su carta es un menú «largo y estrecho» o de degustación, a base de ensalada de perdiz, alcachofas con salsa de langostinos, bacalao con pisto de calabaza, solomillo de ternera al cabrales y, para rematar, surtido de pastelería. El vino de la casa es un Ribera de Duero. La bodega es surtida, con buena representación de los vinos de Rioja, Valladolid y blancos jóvenes de Montilla. El restaurante ocupa una antigua taberna, rehabilitada y decorada con refinamiento. El comedor principal tiene rasgos arábigo-andaluces, mientras que el *salón Romántico* traslada al de una casa tradicional andaluza.

El Caballo Rojo
C/ Cardenal Herrero, 28.
✆ 957 475 375. ♠ ♠
Cocina de mercado y de recuperación histórica. Un menú representativo: alcauciles con habitas, pasas y piñones al estilo sefardí, piernecita de cordero lechal a la miel y *suspiros de Almanzor.* El vino de la casa es de Ribera de Duero. Bodega surtida, de las mejores zonas de España. Además del comedor general, tiene otros privados, que responden a nombres como *Campera, Real* y *Torre,* frente a la idem catedralicia. Es el buque insignia de los restaurantes locales, cuya fama comenzó a acreditar la gastronomía cordobesa y abrió paso a los que, con su ejemplo y estímulo, le han seguido. Una de las penúltimas alabanzas se la dedicó el expresidente norteamericano Jimmy Carter, que tras un placentero almuerzo declaró: «No he comido mejor en mi vida».

Casa Pepe de la Judería
C/ Romero, 1. ✆ 957 200 744. ♠ ♠
Cocina andaluza. Constituye un menú tipo de la casa el ajillo con cogollitos, los medallones de ciervo a las tres salsas y la tarrina de membrillo con queso de Miguel. La bodega, surtida y suficiente, con buena representación de Rioja, Valladolid y Valdepeñas. El restaurante ocupa y respeta la casa donde Pepe el de la Judería tuvo, desde 1928, una de las más clásicas tabernas cordobesas. Miguel Cabezas ha conservado, mejoradas en comodidad y decoración, las clásicas habitaciones-comedores de la casa, que responden a los nombres de *Los Curas, Antiguos, Pepe, Manolete* y *Cardenal Roncalli* –en homenaje a Juan XXIII, que visitó la taberna siendo purpurado–, sin olvidar el agradable patio cubierto. Suele colgar de sus paredes exposiciones artísticas de carácter temporal. En las noches de estío hay una terraza-barbacoa ambientada con guitarra flamenca en vivo y vistas a la torre catedralicia. En una dependencia aneja se halla la taberna de siempre, con piquera.

Círculo Taurino
C/ Manuel María de Arjona, 1.
✆ 957 481 862. ✂ Domingos. ♠ ♠
Cocina tradicional y de mercado. Un ejemplo de menú: alcachofas naturales doña Juliana, cordero a la miel –paletilla o pierna, a gusto del comensal–, y naranja con nueces y nata. Bodega surtida, con buena representación de Rioja, Ribera de Duero, Valdepeñas y Montilla-Moriles. Tanto el comedor como la bodeguita, más reservada, se decoran con motivos taurinos.

Ciros
Paseo de la Victoria, 19.
✆ 957 290 464. ♠ ♠
Cocina de mercado y elaborada. Un menú representativo es el de degustación, a base de foie de pato, asadillo de pimientos con perdiz, pudín de setas, bacalao al club ranero, col rellena de rabo de toro y calahorra, que es un sufflé. Bodega variada, con buen surtido de Rioja y de reservas. Comedor en la planta baja y saloncitos en la alta, para comidas de negocios y familiares.

El Churrasco
C/ Romero, 16. ✆ 957 290 819. ♠ ♠
Cocina regional y de mercado, especializada en carnes y pescados. Un menú tipo puede formarse con berenjenas fritas con salmorejo, solomillo en salsa de albahaca e isla al caramelo. El vino de la casa

Uno de los comedores de El Caballo Rojo.

es un rioja. Cerca del establecimiento, en la casa 32 de la misma calle, guarda una cuidada bodega-museo, por la variedad, cantidad y antigüedad de los vinos de España, Francia, Grecia y Portugal, entre otros países, sin que falten las grandes reservas. El restaurante ocupa una antigua casa judía, rehabilitada con primor. Aparte del comedor principal, en la planta alta, y del patio cubierto, posee acogedores salones cuya decoración responde a sus evocadores nombres: *Mudéjar, de la Abuela, saloncito Azul, saloncito Árabe, Invernadero* y *terraza del Limonero*. Cuelgan en las paredes numerosos cuadros de pintores cordobeses. El presidente francés, Jacques Chirac, quedó tan complacido de esta casa en una visita a Córdoba, que envió a su cocinero para que Rafael Carrillo le enseñase a preparar los platos que le habían gustado.

Pic-Nic

Ronda de los Tejares, 16 (pasaje). ✆ 957 491 744. ✂ Domingos y lunes noche, y mes de agosto. ♠♠

Cocina de mercado. Un menú representativo de la casa estaría formado por cazuela de espárragos, perdiz de campo encebollada y milhoja de membrillo y queso. El vino de la casa es de Rioja. La bodega, variada y suficiente, con buena presencia de los vinos riojanos. No hay barra de bar, lo que proporciona al comedor, limitado a 50 personas, un ambiente de tranquilidad. Hay que llamar a un timbre para entrar.

Además de esta somera relación, circunscrita a restaurantes seleccionados del casco antiguo y del centro, hay en Córdoba numerosos lugares donde comer, a la medida de todos los gustos y bolsillos. En el entorno de la Catedral, hallamos también: **El Bandolero.** Torrijos, 6 ; **Los Califas.** Deanes, 3, y **Federación de Peñas.** Conde y Luque, 8, todos ellos instalados en cálidas casas señoriales o tradicionales con patios. El listado podría extenderse a otros más alejados, como **Costa Sol** y **Azahar,** en Ciudad Jardín, **Astoria** –o **Casa Matías–,** en la Huerta de San Rafael; o **La Casona** y **Florencia** –restaurante del Hotel Occidental– en la zona del Brillante. **Puerta de Sevilla,** en el barrio del Alcázar Viejo, y **Los Berengueles,** en Conde de Torres Cabrera, son restaurantes de reciente apertura.

Hay establecimientos especializados en carnes, como **El Buey,** en Benito Pérez Galdós, **El Novillo Precoz,** en Caballerizas Reales, o el chuletero **El Rancho Grande,** en la carretera de Trassierra. El céntrico **Corte Inglés** dispone de cafetería y restaurante, cómodos de utilizar tras una jornada de compras. En el centro comercial y en la zona monumental menudean los restaurantes, bares y cafeterías de precios asequibles, que suelen exhibir las cartas a la puerta, ofertando el menú del día y las especialidades. Algunos establecimientos disponen de patios y terrazas que, en época de temperaturas suaves, permiten comer al aire libre, a la sombra de las sombrillas o de los naranjos en flor. Hay también, cómo no, pizzerías –entre ellas **Pizzaiolo,** en San Felipe, 5, cuya extensa carta de ¡365 platos! le permite figurar en el Guinnes–, hamburgueserías frecuentadas por gente joven, y restaurantes chinos. Una manera informal de comer en Córdoba es a base de tapas y raciones en las tabernas, que suelen brindar una excelente cocina casera.

De tapas y copas

Copear en Córdoba es beber vino, fundamentalmente vino fino de Montilla-Moriles, y el genuino establecimiento donde hacerlo es la taberna. Numerosas tabernas antiguas han ido desapareciendo o modernizándose, pero aún quedan en el casco urbano de Córdoba más de medio centenar de auténticas. Las horas en que registran mejor ambiente y concurrencia son las del aperitivo, a mediodía, y por la tarde-noche. Su público es popular en los barrios y heterogéneo en el centro, donde se aprecia la saludable incorporación de la juventud.

BEBER Y CONVIVIR EN LAS TABERNAS

Taberna, del latín *taberna-tabernae*, significa «tienda o casa pública». Pero el significado etimológico se queda corto, pues una taberna es mucho más que eso. Muchas tabernas despliegan ante el forastero observador el carácter de los barrios populares, en las que se reúnen sus gentes –mayoritariamente hombres– para repasar la vida cotidiana y hablar de sus aficiones, como el fútbol, los toros o el flamenco, que también se reflejan en la decoración de los establecimientos. Algunas tabernas suelen acoger las sedes sociales de peñas taurinas, deportivas, flamencas o recreativas. El vino se puede tomar de pie, ante la barra, o, si no hay prisa, cómodamente sentado en el patio cubierto o en habitaciones, denominadas «reservados». Tradicionalmente se servía en vaso cilíndrico de cristal, llamado *medio*, equivalente a medio cuartillo, o sea, 125 centilitros. Pero el vaso ha sido desplazado paulatinamente por el catavinos, copa abombada que no se llena para poder así mover el vino y apreciar sus aromas.

Los cordobeses antiguos acudían a las tabernas sólo a beber, pero con los tiempos se fue imponiendo acompañar la bebida con una *tapa* o empapante. Tapas comunes son: los callos, el bacalao rebozado, los rabos de toro, la japuta en adobo, los calamares fritos, los flamenquines, la carne de monte o los riñones a la plancha, sin olvidar los embutidos, el queso o el jamón; cada taberna tiene acreditadas sus especialidades. La exigua tapa se ha ido sustituyendo por la ración y la media ración, platos en regla, más propios del bar-restaurante que de la taberna.

Vino y tapas en tabernas del centro

Entre el medio centenar de tabernas genuinas que perviven en el casco urbano, citaremos algunas de las más representativas, agrupadas por zonas o por barrios. Comenzamos este muestrario por el centro. El vino de Montilla-Moriles que se bebe en las tabernas es «el vino de la verdad» –pues no hay engaño en su graduación alcohólica–, lo que da pie para iniciar la ruta por la taberna del mismo nombre.

La Verdad

C/ Menéndez Pelayo, 1, tras el Gran Teatro.

Establecimiento de ambiente taurino y clima tradicional, donde el buen vino de Montilla-Moriles se puede acompañar con tortilla de camarones y berenjenas fritas con vino.

La Reala

Pl. San Ignacio de Loyola, 4.

De reciente remodelación, brinda fino de *Torres Burgos,* Lucena, para acompañar carnes de caza, bacalaos de once variedades y otras viandas. Está decorada con aperos de labranza. Vinoteca con caldos de toda España. Aquí se reúne la asociación gastronómica «La Pringá».

El Patio

C/ Alhakén II, 8.

Vino de bodegas El Monte, de Moriles, para acompañar las anchoas en salazón, el salmorejo y el jamón ibérico.

Los Toneles

C/ Fernando de Córdoba, 8.

Taberna bodega creada en 1955 y recientemente reformada, con las botas a la vista del público en las que reposa el *Especial Benítez,* fino de la casa procedente de Montilla-Moriles, que combina bien con el jamón, el queso añejo y la caña de lomo.

La Bodega

C/ Alhakén II, pasaje hotel Colón.

Taberna ambientada con botas de excelentes vinos, como fino *La Bodega, de Moriles,* y un oloroso, **Viejo Macaco,** con los que acompañar el queso, el jamón y otras nobles viandas.

La Canoa

C/ Pasaje de CajaSur, en Ronda de los Tejares.

Toma su nombre del peculiar embudo empleado para rellenar botas, aquí utilizadas como mesas en torno a las que beber de pie. Los vinos son de Moriles, y el tapeo, a base de jamón ibérico –buen muestrario a la vista–, caña de lomo y queso excelentes. Una de las botas muestra, tras su tapa de cristal, la crianza del vino bajo velo de flor.

Taberna de San Miguel o Casa El Pisto

Pl. de San Miguel.

A la sombra de la parroquia de San Miguel abre la taberna del mismo nombre, más conocida por *Casa El Pisto,* cariñoso apodo de su propietario José López Muñoz, que data de 1880. Vino de Moriles para acompañar una excelente cocina casera, que brinda rabos de toro, manitas de cerdo, croquetas, albóndigas y otras excelencias. Abigarrada de fotos taurinas, cálida y concurridísima, lo que ha obligado a ampliarla, incorporándole la planta alta, en la que se fundara el «Club Guerrita» en 1896.

El Gallo

C/ María Cristina, 6.

La taberna se conserva como cuando se fundó en el 36. El buen vino *Amargoso,* de bodegas *El Gallo,* se puede acompañar de gambas rebozadas, bacalao y asadura.

De la Malmuerta al Realejo

La segunda ruta tabernaria transcurre por los barrios septentrionales de la Ajarquía, o ciudad situada a extramuros de la antigua Medina, que hilvana tabernas desde la torre de la Malmuerta hasta el Realejo, a través de Santa Marina –barrio de toreros, lo que se refleja en sus tabernas–, San Agustín y San Andrés.

Pagos de Moriles

C/ Molinos Alta, 1.

Esta acogedora taberna tiene el calor de una casa campiñesa y hace honor a su nombre sirviendo buenos caldos de Moriles Alto, adecuados para acompañar su casera cocina, como venado y jabalí en su jugo, o revueltos a base de los productos que dé la temporada.

Paco Acedo

Torre de la Malmuerta, esquina a Adarve.

Taberna centenaria refundada en 1941 y remozada en fechas recientes, está ligada al recuerdo de Manolete, que la frecuentó en vida y a quien tiene dedicada una sala. Acorde con tal ambiente, su tapa más acreditada son los rabos de toro, sin despreciar el bacalao rebozado ni las manitas de cerdo.

La Sacristía

C/ Alarcón López, 3.

Sus paredes muestran numerosas fotos de toreros cordobeses, fondo para las reuniones de la «Tertulia Taurina Santa Marina», que aquí tiene su sede. Se habla de toros en torno al buen vino de Moriles, acompañado de montaditos de jamón o de lomo, y de rebanadas de pan con salmorejo y jamón.

Patio cubierto de la taberna Salinas.

Santa Marina

C/ Mayor de Santa Marina, 1.

A la sombra de la parroquia de Santa Marina pervive la taberna de este nombre. Mientras paladea una copa de Montilla, acompañada de boquerones fritos en adobo, puede contemplar las fotos taurinas que revisten sus paredes, especialmente las de Manolete.

El Rincón de las Beatillas

C/ Ocaña, 2.

Taberna con ambiente taurino y flamenco, proporcionado por las peñas «Tertulia Taurina Manolete», «Chiquilín» y «Fosforito», que tienen aquí sus sedes; ésta última suele celebrar recitales flamencos los viernes alternos de invierno. El buen vino de Lucena se puede acompañar de excelente cocina casera, cuyos exponentes principales son las carnes de monte y los rabos de toro. Aquí tomó vino García Lorca en una de sus visitas a Córdoba.

Casa Julián

C/ Realejo, 10.

La antigua Casa Castillo, fundada en 1912, es otra taberna de ambiente taurino. Propone cochifrito, callos caseros y papas bravas para acompañar los finos amargosos de *Guzmán* y *El Gallo.*

Los Muñices

C/ Muñices, 4.

Esta taberna de ambiente futbolero, antes conocida por *Casa la Viuda,* tiene setenta años y sirve fino de La Rambla, con el que acompañar el peculiar albondigón de carne servido en taza.

De la Espartería a Santiago

Este tramo tabernario transcurre por la Ajarquía meridional, e hilvana media docena de establecimientos.

Salinas

C/ Tundidores, 3.

Creada en 1924, muestra la curiosidad de su piquera y brinda un acogedor patio cubierto, donde sentarse tranquilamente para to-

mar buen vino de Montilla-Moriles, de crianza propia, y degustar la variada carta de cocina tradicional, con especialidades tan celebradas como la sangre encebollada, las espinacas con garbanzos y las berenjenas fritas.

Sociedad de Plateros
C/ San Francisco, 6.
Creada en 1872 es, sin duda, la decana de las tabernas cordobesas, lo que se refleja en su aspecto, y pertenece a la «Sociedad de Plateros», institución asistencial fundada en 1868 para socorrer a los plateros necesitados. Las tabernas de esta red se proveen de bodega propia, en la que se crían

La Sociedad de Plateros *de la calle San Francisco, decana de las tabernas cordobesas.*

vinos de nombres genuinos, como *Peseta, Platino* y el oloroso *Oro Viejo*. De su cocina salen flamenquines, rabos de toro y bacalao rebozado.

La Taberna
C/ Lineros, 32.
Taberna reciente cuya cuidada decoración le presta aspecto tradicional. Aneja al restaurante Bodegas Campos, sirve fino *Pompeyo, de Montilla,* mientras que la cocina sugiere acompañantes tales como molletitos de Almodóvar, fritura de la huerta con salmorejo o bolitas de flamenquín.

El 6
C/ Carlos Rubio, esquina a Lineros.
La reciente renovación no le ha hecho perder su carácter a esta taberna castiza, donde se puede tomar vino de Montilla acompañado de rabos de toro o de los prosaicos boquerones en vinagre.

San Pedro
Pl. de San Pedro, esquina a Agustín Moreno.
Antigua *Casa Villoslada,* esta taberna ha cumplido el siglo. Su vino de *Toro Albalá,* de Aguilar, se puede acompañar con sangre encebollada o boquerones en vinagre.

Los Mochuelos
C/ Agustín Moreno, 51.
Data del siglo pasado y tiene bodeguita propia donde cría excelentes caldos marca 24. De su cocina salen platos caseros como el revuelto de ajetes, los cardos con almejas y gambas o las berenjenas con salmón. Tiene un acogedor patio y un salón-bodega.

De vinos por la Judería

La última ruta tabernaria discurre por la Judería y el entorno de la Catedral.

Casa Salinas
Puerta de Almodóvar.
Vinos de Montilla, recriados en bodeguita propia, para acompañar pisto, flamenquines, salmorejo y otras viandas. En su salón *El Salinero* se reúne «La Tertulia de los Jueves», grupo de intelectuales.

Casa Rubio
Puerta de Almodóvar.
En sus salones, o en el patio sosegado, se puede tomar vino de

La angosta calle Judíos, con la fachada de la Sinagoga al fondo.

La taberna Bodega Guzmán, *en la calle Judíos.*

Doña Mencía, acompañado de boquerones fritos en adobo. Un viejo tabernero de esta casa sirvió de modelo a Amadeo Ruiz Olmos para esculpir la cabeza de la cercana estatua de Séneca.

Bodega Guzmán

C/ Judíos, 7.

La cabeza de un toro que estoqueó Martorell da a esta casa claro ambiente taurino. Pero el tesoro se guarda tras la reja que hay junto al mostrador: la bodega propia, con vinos de la Sierra de Montilla ,que aquí se crían con paciencia, como el fino *Amargoso* o el oloroso *Abuelo.*

Casa Pepe de la Judería

C/ Romero, 1.

Taberna aneja al restaurante del mismo nombre, mantiene casi el mismo aspecto de cuando la regentaba el recordado José Giménez Aroca, *Pepe el de la Judería,* recia estirpe de cocinero-taberneros, que la instaló en 1928. Finos de las bodegas Alvear y Tejarejo, para acompañar las berenjenas con miel de caña de azúcar o los cogollitos al ajillo.

La Bacalá

C/ Medina y Corella.

Las bóvedas de la antigua Tercia, donde la Iglesia almacenaba el grano de los diezmos, acogen una taberna moderna sustentada en la trilogía del vino, el aceite de oliva virgen y el bacalao, preparado de innumerables formas, que ligan bien con el fino de Lucena.

Los Deanes

C/ Deanes, 6.

Lo más sugestivo de esta tabernita reciente es poder sentarse en el patio porticado de la casa señorial en que se ubica, en la que vivió sus últimos años el historiador peruano el *Inca* Garcilaso de la Vega.

Muchas tabernas y sus variantes, bares y mesones, han quedado atrás para no alargar la relación. Si el viajero no queda saciado con las propuestas, no le será difícil descubrirlas en el casco antiguo y en barrios como Ciudad Jardín.

PERO NO SÓLO HAY TABERNAS...

Aunque hemos circunscrito estas rutas de tapas y copas a las tabernas, por ser los establecimientos más genuinos, hay que añadir que Córdoba cuenta con numerosos establecimientos –bares, cafeterías y cervecerías–, que, aunque de ambiente menos castizo que aquéllas, invitan a hacer un alto en la ajetreada jornada del viajero para tomar, según la hora, el café de la mañana o de la tarde, el aperitivo e incluso la merienda. En época en que el tiempo invita a ello, los bares con explanadas contiguas despliegan sus veladores al aire libre, que es una forma grata de tomar algo inmerso en el ambiente cotidiano y en vecindad, según las horas, con hombres de negocios, ejecutivos, jubilados, estudiantes, jóvenes madres con sus retoños o pandillas juveniles.

De bares por el centro comercial

Citemos algunos de los bares y similares que salen al paso en el eje Claudio Marcelo, plaza de las Tendillas, Gondomar y Gran Capitán, en pleno centro comercial.

La Gloria
C/ Claudio Marcelo, 15.
Acogedora cafetería y cervecería que conjuga la decoración modernista y las imágenes taurinas. Adapta su oferta a las distintas horas, y alterna los desayunos y meriendas con aperitivos y platos como rabos de toro, revuelto Gloria, de bacalao y arroz negro.

Terrazas de Las Tendillas
La reciente peatonalización de la plaza de las Tendillas proporciona a los bares de su perímetro espacio en el que desplegar sus veladores, que en época de buen tiempo invitan a compaginar el aperitivo con la lectura de la prensa o la mera contemplación de la vida cotidiana que desfila por este verdadero salón al aire libre. Aquí conviven establecimientos tradicionales, como **Siena** y **Boston,** con otros más recientes como **La Nueva Malagueña.**

Mesón Campanero
C/ Gondomar, 11-13.
Su situación, semioculto al fondo de la calleja Quintero, le ayuda a mantener un ambiente de elegancia y sosiego, en contraste con el bullicio ruidoso de otros establecimientos. Copiosa carta de raciones en el centro de la mesa, de entre las que destacan los pescaítos fritos o las mollejas y riñones de cordero, acompañados de fino *Campanero,* buen vino de Moriles Alto criado en Trassierra.

Magister
C/ Morería, semiesquina a Gran Capitán.
Establecimiento reciente y singular, especializado en nutritivas cervezas artesanas, sin químicas ni conservantes, fabricadas a la vista del cliente, a saber: rubia, caramelizada, tostada, morena y especial, al gusto del maestro cervecero. Para acompañar, nueve

variedades de rosquillas de Antequera y quesedillas.

Terrazas del Bulevar
Cafeterías como **Tendillas 2, Gran Capitán** y **Milán** despliegan los veladores en el espacioso Bulevar y tienen en común su oferta de chocolate con crujientes churros, para el desayuno o la merienda, sin descartar los aperitivos de mediodía.

Gaudí
Avda. Gran Capitán, 22.
Concurrida cervecería de moda, ocupa los bajos de un edificio modernista y oferta 32 marcas distintas de cerveza, a las que dobla el número de platos de su cocina; entre ellos, canapés de bacalao marinado o mollejas de cordero, para tomar en el salón o en la terraza.

Terraza.

Nebraska
C/ Ronda de los Tejares (pasaje Preciados, junto a El Corte Inglés).
Sobre el lugar donde se extendió el albero de la desaparecida plaza de toros *Los Tejares* se instaló esta cafetería con terraza de ambiente familiar. La tostada con tomate y jamón es su oferta para un nutritivo desayuno, mientras que a mediodía propone mollejas de cordero y flamenquines.

Vip's
Avda. Gran Capitán, 29.
La singularidad de esta cafetería de reciente instalación, especializada en platos rápidos, es la posibilidad de comer a deshoras, de 8 de la mañana a 2 de la madrugada, cierre que se prolonga hasta las 3:30 los viernes, sábados y festivos. Entre sus especialidades están las brochetas.

De compras por Córdoba

Cuenta Córdoba con una buena red de establecimientos comerciales, tanto en el centro como en los barrios, de todas las ramas que pueda haber en una ciudad moderna, cuya relación, aunque fuese selectiva, rebasaría el marco de esta guía. En última instancia, una consulta a las publicaciones locales le puede ayudar a encontrar lo que busca. Los ejes más dinámicos del centro comercial son: las calles Claudio Marcelo, aunque en regresión, Cruz Conde y Gondomar, con sus adyacentes, y Ronda de los Tejares. En el cruce de ésta con la Avenida del Gran Capitán –la preferida por las entidades financieras– se alza El Corte Inglés, con seis plantas de secciones –incluido un supermercado de alimentación– que dan respuesta a todos los gustos y necesidades. En los cuatro puntos cardinales de la periferia, con facilidades de aparcamiento gratuito, han surgido las llamadas «grandes superficies», con amplia oferta, especialmente alimentaria: *Pryca La Sierra* al norte, *Pryca Zahira* al este, *El Arcángel* al sur y *Zoco Córdoba* al oeste. Recientemente ha abierto un centro *Vip's*, donde resolver com-

pras y comidas más allá de los horarios habituales.
Pero si desea adquirir productos genuinamente cordobeses, sin duda, habrá de centrar su compra en joyas, cueros artísticos, cerámicas, vinos y aceites.

Fachada de *Librería Luque*, la decana de Córdoba.

JOYAS, CUEROS, CERÁMICA Y OTRAS ARTESANÍAS

La joya cordobesa se caracteriza por su ligereza –lo que influye en el precio; «joyería social» hay quien la llama– y fantasía. Pendientes, zarcillos, anillos, pulseras, broches y cadenas son algunas de las piezas más comunes. Joyas clásicas, de apariencia antigua, son las que se realizan con plata oxidada. Se estima que existen en Córdoba unas 400 empresas de platería y joyería, para muchas de las cuales trabajan numerosos pequeños talleres. Pero la mayoría de los fabricantes comercializan su producción sólo al por mayor. Una de las pocas excepciones es *La Milagrosa,* con venta al por menor en calle Enmedio, 13, barrio del Alcázar Viejo. En el centro comercial abren varias joyerías, algunas de ellas vinculadas a fabricantes, como *Adame,* en Pastores esquina a Eduardo Lucena y Ronda de los Tejares 15; *Luque,* en Cruz Conde 18; o *Raluq,* en Sevilla, 8.
Artesanía típicamente cordobesa ligada a la platería es la filigrana, minuciosa labor a base de hilo plateado que se aplica a pendientes, rosarios, broches, cofres y un sinfín de objetos decorativos. Es posible encontrarlos en algunos bazares y talleres del entorno de la Catedral. Pero ¡ojo!: hay que distinguir entre la filigrana au-

téntica, confeccionada a la manera tradicional, y la que se elabora por microfusión, procedimiento que, por otro lado, permite abaratar el producto. Otra artesanía genuina, de gran belleza decorativa, son los cueros artísticos, cuya tradición se remonta a la época musulmana. Tan ligada a Córdoba se halla esta actividad, que la piel de cabra, cordero o becerro curtida recibe desde tiempos remotos el nombre de *cordobán*. Son los cordobanes la materia prima sobre la que se realizan muchas de las técnicas que abarca el trabajo artístico de los cueros; la básica es el repujado, que se puede complementar con otras, como incisado, modelado o gofrado. Cuando además el cuero se decora con aplicaciones de oro, plata y colores recibe el nombre de *guadamecil*, derivado de la población libia de Ghadamés. Los cueros artísticos se aplican tanto a la confección de paneles decorativos como al revestimiento de objetos de uso práctico, como sillones, cofres, arcones, biombos, marcos, y un largo etcétera. Recayente a la calleja de las Flores y a la calle Encarnación, cerca de la Mezquita-Catedral, se halla el taller *Meryan*, creado en 1952 por el pintor Ángel López-Obrero y dedicado a los cueros artísticos, que oferta una amplia gama de objetos de uso práctico o decorativos; entre éstos, destacan los vistosos reposteros. Cerca de allí, en la plaza de la Agrupación de

Silla de montar.

Cofradías, 2, tiene su taller el artista Ramón García Romero, creador de delicados guadamecíes.
En cuanto a cerámica artística, los alfares *Frapa* y *Wallada* han recuperado platos y vasijas basados en modelos de época califal, que se pueden hallar en tiendas de souvenirs, entre ellas *Baraka,* calle Manríquez s/n. En el patio del Palacio de Congresos, se exponen tenderetes de cerámica popular andaluza y de algunos pueblos de Córdoba, como La Rambla y Lucena.
En el Zoco municipal de la calle Judíos concentran su oferta jóvenes artesanos. Así, la tienda de la Asociación Cordobesa de Artesanos reúne cerámica, objetos de cuero y bisutería. En el mismo lugar tienen su taller, entre otros artesanos, Blanca Rosa Caracuel, cerámica califal; Carmen Lucena, ceramista y creadora de peculiares gitanillas, y Blas Pérez, máscaras en *papier maché.* Sin horarios fijos. En los últimos años el restaurador Pepe Romero viene realizando logradas reproducciones en resina de atauriques califales, yeserías mudéjares y otros elementos decorativos antiguos, que se pueden hallar en tiendas como *Alminar,* Judería, 15. El artesano Miguel Amo oferta en *La Corredera,* Rodríguez Marín, 7, variantes en marmolina de motivos árabes y mudéjares, así como murales de azulejos con motivos cordobeses pintados por su esposa, Marina Marín.
El sombrero cordobés es un complemento del traje flamenco en ferias y romerías, que los más exigentes encargan a medida en talleres tradicionales como *Rusi,* en Conde de Cárdenas, 1. No confundir con los sombreros de fabricación foránea, y de colores que ofertan algunos bazares.

Platos de cerámica de tradición califal.

Artesano guitarrero.

Existen también talleres acreditados en la fabricación de guitarras, flamencas y de concierto, que trabajan por encargo, como las guitarrerías de los descendientes de Miguel Rodríguez, en Alfaros, 15, y Montero, en Goya, 23.

ALIMENTOS DE CÓRDOBA

En supermercados y tiendas de comestibles se pueden adquirir productos de la tierra, como vinos de Montilla-Moriles, en sus variedades fino, oloroso, dulce, *pale cream* y joven; aceites de oliva, entre los que destacan los vírgenes de Baena y Priego; embutidos y jamones de cerdo ibérico criado en montanera, procedentes de Los Pedroches, al norte de la provincia. Hay despachos de vinos al público, como *San Rafael,* en Barroso, 10, o *El Gallo,* en Buen Suceso, 3.

El genuino pastel cordobés, que constituye un excelente postre, se puede adquirir en el obrador que lo elabora tradicionalmente, la *pastelería San Rafael,* en el Realejo y en Cardenal Portocarrero 23, *Brillante,* donde lo preparan en caja para llevar.

De noche

UN PASEO POR LA CIUDAD CALLADA Y RESPLANDECIENTE

Por la noche, la ciudad, especialmente su casco histórico, recupera el sonido del silencio, subrayado por el canto del agua en las fuentes públicas que jalonan las plazas y por el eco de los propios pasos en las calles angostas.
Más allá del bullicio y el ajetreo de la Córdoba diurna, la Córdoba de noche se ofrece íntima y misteriosa.
Los itinerarios para descubrir la Córdoba callada, que resplandece en la noche bajo el destello de los reflectores, son innumerables. En primavera o verano puede empezar contemplando –desde la terraza del hotel Hesperia– el conjunto iluminado de la ciudad monumental, dominado por la mole de la Mezquita-Catedral, que completan el Puente Romano, la Puerta del Puente, el Triunfo de San Rafael, el Palacio Episcopal y el cercano Alcázar. Tras esta panorámica de conjunto, la visión se puede desglosar acercándose a cada uno de los monumentos.
Imponente resulta la torre catedralicia, iluminada, desde la cercana plaza de las Flores, con intimismo de patio vecinal. Después de admirar el al-

Amor al arte

Cuenta Córdoba con numerosas salas permanentes en las que, entre octubre y mayo, se celebran exposiciones artísticas, que abren sus puertas los días laborables de 19 a 21 h.

- Palacio de la Merced, sede de la Diputación.
- Sala de Exposiciones Museísticas de CajaSur (Ronda de los Tejares, 6).
- Studio 52 / Juan Bernier (Ronda de los Tejares, 15).
- Sala de exposiciones CajaSur / Reyes Católicos (Reyes Católicos, 4).
- Colegio de Arquitectos (esq. Reyes Católicos con Gran Capitán).
- Sala CajaSur / Gran Capitán, en el edificio de esta entidad financiera que ofrece un trozo de muralla romana conservado *in situ*.

Otras salas más alejadas del centro comercial, son: Ayuntamiento, en calle Capitulares; la Posada del Potro, en la plaza del mismo nombre; o la sala Mateo Inurria, de la Escuela de Artes y Oficios, en la plaza de la Trinidad. También cafeterías y *pubs* que compaginan las exposiciones con las copas entre los que destaca Lindaraja, en Braulio Laportilla, cerca del Bulevar, animada y dirigida por el polifacético artista Salvador Morera.

menado perfil del Alcázar y, si es verano, disfrutar de la visita nocturna de su laberinto de jardines y estanques, el Campo Santo de los Mártires nos lleva a la calle de Cairuán, que discurre hasta la puerta de Almodóvar, paralela a la iluminada muralla de la Judería.
Luego, se puede callejear sin rumbo cierto por el casco antiguo, poblado de monumentos iluminados que se pueden alternar con rincones íntimos, como la ascética plaza de Capuchinos, con su Cristo alumbrado por tenues faroles y temblorosas llamitas de cirios devotos.

NOCHES MUSICALES

Cuenta la ciudad con la Orquesta de Córdoba, formación «de foso» o mediana cuyo director titular, desde su creación en 1992, es el cubano Leo Brouwer. Celebra una decena de conciertos por temporada, en el Gran Teatro, entre octubre y junio, y emite abonos para todo el ciclo. En ciertas fechas, y con el patrocinio de CajaSur, la orquesta brinda ciclos de conciertos en iglesias y en la propia Mezquita-Catedral, con entrada libre.
Bajo el título de «Música en la Magdalena», CajaSur organiza en esta antigua iglesia del siglo XIII, los viernes de octubre a abril, conciertos de música de cámara a partir de las 20 horas y con entrada libre. El Ayuntamiento también suele ofrecer, en el salón de los Mosaicos del Alcázar, ciclos de música de cámara algunos fines de semana; de entrada libre. En los últimos años, el Ayuntamiento viene organizando, los fines de semana estivales, conciertos camerísticos nocturnos en las recoletas plazas de la Judería, a cargo de alumnos del Conservartorio Superior de Música, que asimismo celebra en su céntrico Auditorio la Semana Musical de Primavera y otros ciclos de conciertos.
Desde 1981, en que fue creado por iniciativa del Centro Flamenco Paco Peña,

Las Tendillas de noche.

se celebra en Córdoba el «Festival Internacional de la Guitarra», que en la primera quincena de julio reúne una heterogénea programación que incluye intérpretes unidos por el común instrumento de la guitarra, en la que conviven flamenco, música clásica, *jazz,* salsa y *rock.* Las sesiones serias tienen lugar en el Gran Teatro, que alterna con escenarios como los jardines del Alcázar o al auditorio de la Escuela de Arte Dramático.

BUTACA DE PATIO: TEATRO Y CINE

El **Gran Teatro,** único recinto de estas características que subsiste en Córdoba, incluye en su oferta teatro, conciertos de música clásica, ballet, espectáculos flamencos, cantautores y variedades.
En Córdoba existen cinco complejos de minicines, con 32 salas en total, que brindan los estrenos del momento:

Alkázar
Reyes Católicos, 15. ✆ 957 471 447.
6 salas. Tarde y noche. Céntrico.

El Arcángel
Centro comercial del mismo nombre. Venerable Juan de Santiago, s/n. ✆ 957 750 090.
10 salas. Mediodía, tarde y noche. Periferia sureste. Líneas de autobús 3, 4 y 7.

Isabel la Católica
Puerta del Rincón, 28. ✆ 957 478 045.
4 salas. Tarde y noche. Jueves, viernes y sábado, sesión de medianoche. Miércoles, día del espectador. Céntrico.

Orquesta de Córdoba
Gran Capitán, 4.
✆ 957 491 767.

Conservatorio Superior de Música
Ángel de Saavedra, 1.
✆ 957 473 909.

Gran Teatro
Gran Capitán, 3.
✆ 957 480 237.
Compra telefónica de entradas, con tarjeta de crédito.

Filmoteca de Andalucía
Medina y Corella, 5.
✆ 957 481 835.
Sesiones a las 20:30 h.
Precios: ticket, 150 pts.; abono diez sesiones, 1.000 pts.

Tablao Cardenal
Torrijos, 10.
✆ 957 483 320.
Espectáculo flamenco 22:30 h (diario, excepto domingos).
Precios: 2.800 pts.

La Sierra
Centro comercial Pryca-La Sierra. Poeta Emilio Prados, s/n.
✆ 957 277 605.
7 salas. Sábados, domingos y festivos, sesión matinal. Periferia norte. Autobús 13.

Zoco
Centro comercial Zoco-Córdoba. José María Martorell, s/n. ✆ 957 451 381.
5 salas. Mediodía, tarde y noche. Periferia oeste. Autobús 7.

Sobreviven cuatro peculiares cines de verano al aire libre, situados en espaciosos patios del casco antiguo, con pantalla grande y ambigú donde proveerse de bebidas y «bocatas». De junio a septiembre ofrecen reestrenos a precios módicos, a partir de las 22 horas. Son: Coliseo San Andrés, en Fernán Pérez de Oliva, 7; Delicias, en Frailes, 10; Fuenseca, en plaza Fuenseca, 1; y Olimpia, en Zarco, 14.
Los cinéfilos tienen en Córdoba la **Filmoteca de Andalucía,** ubicada en un edificio histórico adaptado para este uso. Tiene dos salas, Josefina Molina y Val-del-Omar. De octubre a junio celebra ciclos de cine clásico y andaluz.

EL DUENDE DEL FLAMENCO

En Córdoba, que celebra cada tres años un acreditado Concurso Nacional de Arte Flamenco, no pueden faltar *tablaos.* En la calle Torrijos, frente a la Mezquita-Catedral, el tablao Cardenal ofrece un espectáculo flamenco de baile, cante y toque en el que suelen participar artistas cordobeses con premios nacionales de arte flamenco en su palmarés, entre ellos, el guitarrista Merengue de Córdoba y los bailaores Concha Calero y Antonio Alcázar. En época de buen tiempo el tablao se monta en un patio, y en invierno se traslada a una sala cubierta del contiguo Palacio de Congresos.

Tablao flamenco.

BAILAR Y JUGAR

Los amantes de las discotecas tradicionales no disponen de una oferta demasiado amplia. KA CHAO, una de las pioneras, se encuentra en la carretera de Trassierra, y suele ser el fin de fiesta de muchas bodas. En la calle Góngora encontramos QU CÓRDOBA, para los amantes de las nuevas tendencias, que eventualmente programa conciertos. Y en Conde de Robledo permanece ZAHIRA, una clásica. Sobreviven en Córdoba cuatro salas de bingo donde probar fortuna; dos de ellas céntricas: PALACIO DEL CINE, plaza de las Tendillas, s/n., y ZAHIRA, Conde de Robledo 1. Abren de 22 a 3 ó 4 h. En Alfonso XIII esquina a María Cristina abre la sala de fiestas YARDIN.

DE COPAS CON LA JUVENTUD

Cuando se aproxima el fin de semana, allá por el jueves, la mayor parte de los jóvenes suelen concentrarse en una serie de zonas que, salvo cambios de nombre, se mantienen estables con el paso de los años. Distinguiremos entre ambientes de invierno y de verano.

De marcha invernal por el centro

La *marcha* invernal se concentra habitualmente en dos zonas: el centro comercial y el barrio de Ciudad Jardín, con alternancia pendular. A continuación realizaremos un somero recorrido por *pubs,* terrazas y demás locales del centro, que suelen abrir de jueves a domingo hasta, en teoría, las 4 de la mañana.

Calle Reyes Católicos. Aunque su ambiente de ayer ha decaído, encontramos NOCHES DE BOHEMIA, *pub* de buen ambiente con una decoración marinera; M-30, para los *after-hours* discotequeros más recalcitrantes; EL TAPEO, uno de los escasos bares que acompañan la copa con tapa gratis; y SIGLO XXI, en el que los más impacientes pueden marcarse el primer bailecito.

Gran Capitán y aledaños. En la cercana Avenida del Gran Capitán y calles aledañas proliferan los *pubs,* cervecerías y locales predilectos de esa generación de cordobeses que, después de cumplir los veintimuchos, se resisten a dejar de vivir la noche. Entre los más frecuentados destacan: LA ANTIGUA, en Gran Capitán, 30, y SOHO, en Benito Pérez Galdós, 3, ambos con una decoración muy conseguida; y O'DONOGHUE'S, en Gran Capitán, 38, inspirado en los pubs irlandeses. En el número 35 de Gran Capitán encontramos EXPRESO, un *pub* cafetería, y RIFF BLUES, bar que suele ofrecer números de magia. Si el visitante sobrepasa la cuarentena, le recomendamos entrar en EL CHATO, Alhakén II, 16, que abre hasta las 3 de la mañana y es el lugar perfecto para tomar unas copas después de una cena informal a base de tapas y fino en cualquier taberna de la zona. Si aún le quedan ánimos y lucidez, no dude en visitar TORERO, en la cercana calle Fernando de Córdoba, que abre diariamente, salvo domingos, hasta las 6 de la mañana, y se encuentra bastante concurrido –el fin de semana es normal hacer cola a la puerta– por una clientela variopinta que supera los 25 años.

San Hipólito recobra protagonismo. La plaza de San Ignacio de Loyola y la calle Córdoba de Veracruz, que se abre a Ronda de los Tejares, constituye la zona conocida por San Hipólito –por la iglesia existente en el lugar–, a la que solían acudir en peregrinación cada fin de semana los *niños bien*. Tras un declive, parece que vuelve a recobrar el protagonismo perdido. Allí podemos encontrar LUZ DE GAS; y, para los más maduros, LA BUHARDILLA y CUATRO SETENTA. En todos se pueden compaginar copas y baile desde primera hora.

Osario y aledaños. En la angosta calle Osario encontramos PICASSO, típico **pub**-discoteca frecuentado por universitarios hasta altas horas de la madrugada. No lejos de allí, en la calle Caño, abre de miércoles a domingo LA COMUNA, otro local bastante frecuentado por la juventud, que los jueves por la noche suele preparar migas o arroz.

El Pretorio y su entorno. Los Llanos del Pretorio, junto a la Diputación, es otra buena zona para iniciar una noche de copas. Allí encontramos LA TERCIA, pub *versus* discoteca; B.S.O., con decoración «motero-garajera» años cincuenta; VIADUCTO, que compagina copas y billar, y EL NAVEGANTE, para internautas. Comparten una angosta terraza donde, en noches apacibles, no cabe un alfiler. Cerca de ellos, ya en la calle Molinos Alta, tenemos el BRUJAS BAR, que suele celebrar sesiones de música en directo y exposiciones, y EL TOSTAO, de ambiente más tranquilo.

La alternativa de Alfaros. Para aquellos visitantes que no gusten de locales bulliciosos e impersonales, similares a los de cualquier otra ciudad, y busquen algo distinto en pleno casco antiguo, proponemos una ruta alternativa. Para comenzar, una visita al veterano MILENIUM, en Alfaros, 33, una antigua casa de dos plantas transformada en lugar de copas. Cuenta con escenario en la planta alta, que brinda música en directo de los más variados estilos. Como en la mayoría de los *pubs* de esta ruta, es habitual encontrar exposiciones de pintura y fotografía colgadas de sus paredes. Junto a él, sus antiguos encargados han abierto VELVET, Alfaros, 29, donde tienen cabida todo tipo de opciones y tendencias envueltas en músicas ecléctico-vanguardistas. En la misma calle están LIMBO, casa con patio convertida en *pub* de ambiente bohemio, y CAN-CAN, café *pub* que abre sus puertas al teatro y la poesía. Cerca del Ayuntamiento, ya en la calle Alfonso XIII, abre SOUL, otro de los clubes vanguardistas que, como todos los de esta ruta, constituye un lugar de encuentro para las más variadas opciones.

Vámonos a Ciudad Jardín

El barrio de Ciudad Jardín, al oeste, es el destino preferido por universitarios, y muchos de sus locales renuevan el nombre cada temporada. También proliferan los bares y terrazas en los que tapear a un precio módico. Los establecimientos se concentran en la plaza de Costa Sol y en las calles Antonio Maura, Alcalde Velasco Navarro y Gran Vía Parque.

Camino de los Sastres y su entorno. Es calle de cervecerías y terrazas para cualquier edad, en las que reina buen ambiente. Entre otras encontramos TAL CUAL, BARRA FIJA, MADRILES, GRIFOS y EL LORO VERDE. Antes de salir a la Avenida República Argentina, en la calle Miguel Benzo, se encuentra TEMPUS, *pub* cuya música y ambiente devuelven a la década de los ochenta. En la calle Antonio Maura está LEVEL, que fue el pub pionero en ofrecer música en directo; abre todos los días hasta las 4 y ofrece conciertos los domingos a las 22 h. Pincha una mezcla de música

De copas por Córdoba.

pop-punk-rock-soul-funk-rap-hip-hop de lo más estimulante. Entre los recientes, el de más clase es LUPO, en Siete de Mayo, 13, que regala con cervezas, cafés y copas la tapa del día, flan o frutos secos. Pero ahí no se agotan los «garitos», por lo que aconsejamos al visitante que se pierda en las calles de Ciudad Jardín y experimente el placer de descubrir, por su cuenta, otras propuestas.

La noche es joven: de la Sierra al Arenal

Avanza la madrugada, pero si el cuerpo aguanta y la lucidez nos acompaña, aún quedan locales en los que «castigarnos». Son aquéllos que comienzan a ambientarse cuando la mayoría cierra. Al filo de

las 3 h, muchos cordobeses se dirigen a la zona de la Sierra buscando la parte cubierta de las terrazas veraniegas. Aunque suelen variar de un año para otro, los más frecuentados son: LA TORRE, DON LUIS y LA CORTE, situados en la Avenida del Brillante, en los que se puede mover el esqueleto hasta pasadas las 5 h de la mañana.
Para terminar, una visita al recinto ferial del Arenal, situado aguas arriba del Guadalquivir. Entre las ofertas consolidadas destacan: SURFER ROSA, sala de conciertos-terraza-*pub*-discoteca de música alternativa en la que, a partir del jueves, podemos recibir bailando el nuevo día, y AL BAILE, que ofrece a los más carrozas la posibilidad de bailar desde un pasodoble hasta un mambo; abre todos los días de la semana, excepto lunes, y por un módico precio ofrece clases de bailes de salón.

Copas veraniegas a la luz de la luna

Si durante el invierno se buscan los «garitos» sombríos y cálidos del centro y de Ciudad Jardín, en verano los protagonistas son los espacios abiertos. La mayoría de los cordobeses prefieren la Sierra, como llamamos, hiperbólicamente, a la suave rampa del Brillante. No obstante, últimamente se detecta cierto cansancio y un intento por encontrar nuevas zonas de ocio. Así, están cobrando protagonismo la Corredera y sus alrededores, con diversas terrazas en la propia plaza –actualmente en obras–, y LOS CHAMACOS, en la cercana plaza de las Cañas. Lugares perfectos para comenzar el copeo en un marco incomparable.

Terraza nocturna.

Primera copa en el Pretorio. Los jóvenes que ya han dejado atrás sus primeros años de Universidad optan por La Tercia, B.S.O. y El Viaducto, en los Llanos del Pretorio –que alcanzan su punto álgido durante los meses veraniegos–, para tomar la primera copa de la noche.

El Tablero para empezar. El Tablero es una plaza del Brillante, próxima al Cámping Municipal, que concentra *pub*-terrazas para todas las edades y ambientes, cuyos nombres suelen cambiar de una temporada a otra. Si dispone de coche y busca un lugar menos bullicioso, suba hasta Zona Latina, un kilómetro más arriba: amplia terraza, con distintos niveles, en la que podrá degustar combinados mientras echa una partidita de su juego favorito.

Madrugada brillante. Cuando se rebasen las 2 h de la madrugada será el momento de visitar los *pubs*-terraza-discoteca que tanto proliferan en la falda de la Sierra. Para quienes prefieran bailar desde el principio está La Torre, junto al Tablero, mientras que en la Avenida del Brillante se encuentran Kachamba, Moncloa y, para quienes rebasen los 25 años, Don Luis. Si seguimos subiendo, a la altura del hospital de San Juan de Dios encontramos La Corte, preferido de los niños bien, y algo más arriba aún, Via Vénetto, para los más «puretas».

Nota

Un consejo para quienes pretendan disfrutar de la noche hasta la última gota: durante toda la madrugada funciona el servicio público de taxis, que por menos de mil pesetas le podrá llevar a cualquier punto de la ciudad.

Diversión hasta el amanecer. Hacia las 5 h de la mañana, cuando ya se han agotado todas las posibilidades de la Sierra, quedan dos opciones. Una, la de toda la vida, es Ka Chao, en la carretera de Trassierra, que en verano amplía sus instalaciones con terraza-discoteca. Otra, más reciente, es el recinto del Arenal, donde conviven pacíficamente distintas alternativas de ocio. Caso curioso por estos lares son los «peroles» nocturnos: familias enteras trasladan su *kit perolero* al Arenal, para, niño y abuela incluidos, disfrutar del fresquito nocturno mientras degustan unas sardinas asadas y tintorro con gaseosa. Volviendo a los locales de copas, la oferta del Arenal es variada, pues a los ya mencionados Surfer Rosa y Al Baile se suman Go-Gó, ambiente petardo y tolerante frecuentado por *drag-queens*, y El Palenke, tomado a primera hora por los más jovencitos y perfecto final de fiesta para aquéllos que, con las gafas de sol preparadas, aguantan hasta que amanece.

Córdoba en fiestas

El calendario de fiestas que celebra Córdoba a lo largo del año, se abre el 5 de enero, víspera de la Epifanía, con la **Cabalgata de Reyes**, que sale al atardecer del Alcázar y recorre el centro de la ciudad entre la expectación de los niños, que se agolpan en el itinerario con sus padres. Las carrozas representan escenas navideñas e infantiles, y tronos para los Reyes Magos con sus pajes, verdaderos protagonistas de la noche, que arrojan muchos kilos de caramelos. La persona que encarna a Melchor, se elige por sorteo entre los ciudadanos que lo soliciten.

¡ES-TO ES CAR-NA-VAL!

Como en otras muchas ciudades, la llegada de las libertades supuso también en Córdoba la recuperación y auge del Carnaval, hasta entonces amordazado por su prohibición oficial. La Asociación Carnavalesca Cordobesa es el alma de su organización, y comprende el Concurso de Agrupaciones Carnavalescas –chirigotas, comparsas y cuartetos, más cercanos al modelo gaditano que a la tradición cordobesa–, que se celebra en el Gran Teatro y cuyos ganadores amenizan luego las plazas de barrios populares; y la Cabalgata de Carnaval, que desfila el Domingo de Piñata por el centro, y en la que el pueblo da rienda suelta a su imaginación para el disfraz y la sátira. Barrios carnavaleros son San Agustín y San Lorenzo, cuyo ambiente callejero incita a vivirlo desde dentro.

DE PROCESIONES EN SEMANA SANTA

Entre el Domingo de Ramos y el de Resurrección, desfilan por las calles cordobesas 35 procesiones con unos 60 pasos, que representan los misterios de la Pasión de Jesús. En las últimas décadas, y a raíz de la activa incorporación de la juventud a las cofradías, la Semana Santa viene registrando un creciente auge, si bien, y al mismo tiempo, también se está apartando del estilo que caracterizaba tradicionalmente a esta celebración en Córdoba, reemplazado hoy por un cierto «estilo sevillano», que se manifiesta en los vítores a las Vírgenes, los aplausos a los costaleros, la incorporación de bandas de la vecina provincia y la propia forma de vestir las imágenes y de adornar los pasos. No obstante, quedan cofradías fieles al estilo tradicional, la más representativa de las cuales es, sin duda, la del Cristo del Remedio de Ánimas, que sale el Lunes Santo de la iglesia de San Lorenzo y constituye un reflejo de las procesiones peniten-

Virgen de las Angustias en su capilla.

ciales de antaño. Cofradías tradicionales que despiertan gran fervor popular son: las de Jesús Rescatado (Domingo de Ramos, iglesia de los Padres de Cracia); el Cristo de Gracia, popularmente conocido por *El Esparraguero* (Jueves Santo, iglesia de los Padres de Gracia); la Virgen de las Angustias (Jueves Santo, iglesia de San Pablo), que procesiona una Piedad del escultor barroco cordobés Juan de Mesa, la de más mérito artístico de cuantas desfilan durante la semana; y, sobre todo, la Virgen de los Dolores (Viernes Santo, iglesia del antiguo hospital de San Jacinto), cuyo paso va seguido de una interminable columna de penitentes. Hay una forma de ver las procesiones cómodamente, sentado en las sillas que jalonan la «carrera oficial» –tramo del

Asociación Carnavalesca Cordobesa
C/ Pasaje Cristo del Amor, s/n.
✆ 957 296 354.

Agrupación de Cofradías
C/ Isaac Peral, 6.
✆ 957 482 796.

Amigos de los Patios Cordobeses
C/ San Basilio, 50.
✆ 957 292 989.

Plaza de Toros de Los Califas
Gran Vía Parque, s/n.
✆ 957 232 507.

Santuario de la Fuensanta
Pl. de la Fuensanta, s/n.
✆ 957 252 961.

itinerario común a todas que discurre por el centro de la ciudad–, previo pago de la tarifa fijada por la Agrupación de Cofradías. Se pueden adquirir abonos para toda la semana, o bien papeletas para un día determinado, cuyo precio suele oscilar, según los días, entre 400 y 600 pts. Pero hay otra forma más sugestiva, para quienes no teman a las bullas ni a andar, como es buscar las procesiones en rincones pintorescos del casco antiguo, o asistir a su encierrro, ya en las madrugadas, entre inacabables saetas.
En muchos establecimientos se puede conseguir gratuitamente el programa oficial de procesiones, con sus horarios e itinerarios, elaborado por la Agrupación de Cofradías, que constituye una ayuda casi imprescindible.

CAMINITO DE SANTO DOMINGO...

En fechas variables –domingos de abril o de primeros de mayo– se celebran las **romerías de Santo Domingo de Scala Coeli** y de la **Virgen de Linares**, que se dirigen a los santuarios de estas advocaciones. El de Santo Domingo está situado a unos 5,5 km al norte de la ciudad. Fundado por San Álvaro de Córdoba en el siglo XV, fue reformado a lo largo de los siglos XVI-XVIII. Padeció los efectos de la desamortización, que obligaron a realizar obras de consolidación a finales del siglo XIX. La iglesia tiene una nave cubierta con bóveda de cañón, decorada en el XVIII con pinturas murales relacionadas con la Orden de Santo Domingo. Posee un artístico retablo barroco de madera sin dorar, y entre las imágenes de mayor devoción figura el Cristo de San Álvaro, un crucificado del siglo XVI.
El santuario de la Virgen de Linares se encuentra a 10 km. al nordeste de Córdoba, y tiene su origen en la atalaya árabe junto a la cual acampó Fernando III

cuando se dispuso a conquistar la ciudad. Fue reedificado en 1519, y ampliado en los siglos XVIII y XIX. Aunque la talla que hoy se venera es de finales del XVI, asegura la tradición que era la imagen que el monarca castellano llevaba en su propia silla de montar, por lo que se la considera la «conquistadora de Córdoba».

Ambas romerías tienen en común la participación de centenares de caballistas –los jinetes, con traje campero, y las amazonas, con vestido de faralaes o «de gitana»–, y vistosas carrozas que compiten en un concurso con premios a las mejores; desde una ellas reparten sonrisas las que han sido proclamadas «romera mayor» en los solemnes actos de los pregones que ambas hermandades organizan. Tras las misas romeras, eje religioso de las celebraciones, los asistentes se dispersan por los alrededores de los santuarios y preparan los *peroles* –guisos de arroz–, sin dejar de cantar ni bailar, para regresar a la ciudad a la puesta del sol, cansados y felices.

MAYO ES UNA FIESTA

Mayo es el mes festivo por excelencia en Córdoba. Tras el **pregón** exaltador de las fiestas y la **batalla de flores** que se desarrolla en los jardines de la Victoria, en la que se utiliza como «munición» miles de docenas de claveles, el programa festivo se

Traje andaluz.

inicia con el **concurso de Cruces**, en torno al primer fin de semana, en el que participan alrededor de 70, instaladas en plazas y rincones típicos por asociaciones vecinales, peñas, cofradías y otros colectivos ciudadanos. Las cruces se confeccionan con flores, generalmente claveles, y su entorno se adorna con macetas y elementos decorativos. Junto a ellas, los organizadores montan bares al aire libre en los que beber y tapear hasta la madrugada; todo ello amenizado con música folclórica grabada, y, en algunos casos, con actuaciones en directo de ballets flamencos y artistas aficionados. El Ayuntamiento premia las mejores cruces, que se agrupan en dos categorías: casco histórico y barriadas periféricas. Entre las primeras, viene siendo repetidamente premiada la de la

Bailando en la Feria.

plaza del Pozanco, en el barrio de San Agustín.

Las cruces dan paso, hacia la segunda semana de mayo, al **Festival de los Patios Cordobeses** y al Concurso de Patios. El primero, programa actuaciones de ballets flamencos y artistas folclóricos en jardines y patios espaciosos, con entrada libre. Paralelamente se desarrolla el **Concurso Popular de Patios Cordobeses**, para fomentar el cuidado y mantenimiento de los patios tanto de casas de vecinos como de casas unifamiliares. Comprende dos categorías –zona histórico-artística y arquitectura moderna–, con similares premios para cada una, que distinguen la conservación, la variedad floral, la decoración natural, el esfuerzo vecinal, el uso artístico del agua y la iluminación. El concurso lo organiza el Ayuntamiento en colaboración con los Amigos de los Patios Cordobeses, y en él suelen participar medio centenar de ellos.

Los patios populares más interesantes se concentran en los barrios de San Agustín, San Lorenzo y el Alcázar Viejo. Entre los más premiados y dignos de ver figuran los de San Juan de Palomares, 11 (San Agustín), Trueque, 4 (San Lorenzo) y Martín de Roa, 7 y 9 (Alcázar Viejo), que ejemplifican la esencia del patio popular cordobés: suelo enchinado, encaladas paredes revestidas de macetas de las que cuelgan las gitanillas, arriates con jazmines y otras plantas trepadoras, un árbol de sombra, un pozo y, bajo un porche protector, la cocina y la pila de lavar. Un ámbito que, para sus viejas y sacrificadas inquilinas, es con[illegible] pequeño paraíso que no cambiarían por viviendas más confortables. Los patios concursantes permanecen abiertos

al público por las noches, y es costumbre muy cordobesa «ir de patios», alternando las visitas con paradas en las tabernas que salen al paso.
Desde hace una quincena de años se celebra –a mediados de mayo– la **Cata del Vino**, organizada en una explanada de acceso controlado –los últimos años, en la Facultad de Veterinaria– por el Consejo Regulador Montilla-Moriles, que reúne la oferta de embotellados de las principales bodegas de la zona. Se pone a la venta un *ticket* que da derecho a un catavinos conmemorativo y a degustar varias copas, a elegir. Una buena ocasión para apreciar la calidad y variedad de estos caldos.
A mediados de mayo tiene lugar cada tres años (2001, 2004, 2007...) el **Concurso Nacional de Arte Flamenco,** creado en 1956, un exigente certamen que establece premios para cante, baile y toque, y que celebra en el Gran Teatro tanto sus sesiones eliminatorias como la gala final de entrega de premios. Es una oportunidad de escuchar a las nuevas o futuras figuras del flamenco.
La última semana del mes tiene lugar la **Feria de Mayo**, oficialmente denominada de Nuestra Señora de la Salud, que surgió como velada en 1665, a raíz del hallazgo en un pozo de la pequeña imagen de la Virgen que le da nombre, en el lugar donde hoy se halla el viejo cementerio de la misma advocación. Hasta 1993 se celebró en los céntricos pero insuficientes jardines de la Victoria, y en 1994 estrenó un espacioso recinto ferial, El Arenal, situado al sureste de la ciudad, junto al Guadalquivir, al que unas 300.000 bombillas convierten en un ascua de luz. Lo más característico de la feria cordobesa –y que le confiere más animación y hospitalidad– son las *casetas,* en torno a 150, instaladas por entidades públicas y privadas y, generalmente, abiertas al público. Cuentan con ambigús que sirven bebidas, tapas y comidas, y tablaos en los que suelen actuar por las noches artistas folclóricos, conjuntos musicales y orquestas de baile. Las atracciones mecánicas se concentran en la «calle del infierno». Dan colorido a la feria los numerosos caballistas y las miles de cordobesas vestidas con trajes «de gitana», que bailan sin desmayo las sevillanas –otra colonización cultural de la vecina provincia–, que suenan casi a todas horas en las casetas. El mayor grado de concurrencia y animación coincide con el fin de semana. Para desplazarse a la feria es desaconsejable utilizar el vehículo privado, pues aunque hay aparcamiento público, siempre resulta insuficiente. Lo mejor es el taxi o el autobús. Aucorsa establece diez líneas especiales que conectan el centro y los barrios con la feria hasta la madrugada; el billete único oscila en torno a las 175 pts.

Detalle de cartel ferial antiguo.

La feria y sus casetas propician reuniones de amigos en un ambiente relajado, aunque ruidoso, que permite desconectar de la vida cotidiana y sus problemas. La feria taurina, que se celebra paralelamente en el coso de Los Califas, incluye media docena de festejos en los que alternan toreros de la tierra con figuras foráneas.

DE LAS VERBENAS DE VERANO A LA «VELÁ» DE LA FUENSANTA

A lo largo del caluroso verano numerosos barrios cordobeses celebran **verbenas populares,** que, organizadas por peñas y asociaciones de vecinos, conjugan atracciones musicales, concursos, competiciones deportivas y casetas similares a las de feria. Entre la larga treintena de las que tienen lugar entre mediados de junio y principios de octubre, destaca por su marco y tradición la de la Virgen de los Faroles, que organiza la Federación de Peñas durante la segunda semana de agosto en el triunfo de la Puerta del Puente.
El 8 de septiembre Córdoba festeja a su copatrona, la V[illegible]gen de la Fuensanta, c[illegible] tradicional *Velá* que se[illegible]bra en el entorno de su [illegible]tuario, al sureste de la ciudad. Hay pregón, festival flamenco, bailes populares,

atracciones feriales, casetas y muestra de frutas. No falta la función religiosa en honor de la Virgen, imagen de barro cocido que la tradición remonta a 1420, año en que fue hallada por el cardador Gonzalo García en el pocito que aún se conserva junto al santuario –un templo del siglo XV, reformado en el XVII–, cuya agua «milagrosa» fue tradicional beber hasta hace unos años, en que la autoridad suprimió la costumbre por razones de salubridad. Símbolo sonoro de la velá son las campanitas de barro o de cerámica, que se venden en los puestos callejeros y que los niños hacen tintinear insistentemente.

La Virgen de la Fuensanta en su camarín.

SAN RAFAEL Y LA NAVIDAD CIERRAN EL AÑO FESTIVO

El 24 de octubre festeja Córdoba a su arcángel protector, **San Rafael**. El Ayuntamiento le dedica una solemne misa en la iglesia del Juramento, pero el pueblo prefiere celebrarlo en la Sierra, a donde se desplazan peñas y familias para organizar *peroles*. Hay que madrugar para tener sitio en Los Villares, parque periurbano situado a unos 11 km de la ciudad y acondicionado para esta tradición culinaria.

Por **Navidad** el centro comercial, y esencialmente el bulevar de Gran Capitán, se visten de luz y color. CajaSur organiza concursos de villancicos y de belenes. Centenares de fiestas y cotillones celebran los cordobeses para recibir el Año Nuevo, pero lo más castizo es acudir a la plaza de Las Tendillas para escuchar las doce campanas rasgueadas por un reloj con sonido de guitarra flamenca y bailar entre contagioso júbilo, serpentinas y champán.

Córdoba
para los niños

Los pequeños tienen en Córdoba lugares específicos donde pasarlo bien. La ruta infantil que proponemos puede comenzar en el **Parque Zoológico** municipal *Juan Barasona*, cerca del puente de San Rafael sobre el Guadalquivir. Está sometido actualmente a un proceso de remodelación y reforma, del que saldrá mejorado. Entre amenos jardines y estanques, ejemplares representativos de la fauna mediterránea conviven con otros de orígenes más remotos, como tigres, leones, leopardos, hipopótamos, osos pardos, cebras, monos y aves exóticas, entre otros; pero el animal más popular entre los niños es, sin duda, la elefanta *Fabia*.

Aunque su contenido es más científico, se puede aprovechar la cercanía del **Jardín Botánico**, situado frente al Zoológico, para familiarizar al niño con la flora a través del ameno paseo verde que brindan sus invernaderos, jardines y arboreto, en los que todas las especies aparecen identificadas con sus nombres.

Cuenta Córdoba con céntricos **jardines**, idóneos para que los niños se muevan a sus anchas. Entre todos, destacan los céntricos jardines de la Victoria y de la Agricultu-

Jardín Botánico.

ra, su prolongación. En éstos existe un estanque con aves acuáticas, donde los pequeños pueden distraerse mientras los padres, sin perderlos de vista, toman el aperitivo o el café en la terraza del remozado *bar Playa.* En el extremo opuesto de Ronda de los Tejares, los acogedores y céntricos jardines de Colón son de los predilectos por muchas jóvenes madres cordobesas, cuyos pequeños encuentran allí un parque infantil con instalaciones fijas para su diversión, como columpios y toboganes. El Parque Juan Carlos I, de reciene creación en Ciudad

Diversión en Las Tendillas.

Parque Zoológico Juan Barasona
Avda. Linneo, s/n.
✆ 957 200 807.
🕘 De 10 a 17. (noviembre a enero), a 18 h (febrero y octubre), 19 h (abril, marzo, agosto y septiembre), o a 20 h (mayo a julio).
Precios: niños, 150 pts.; adultos, 300 pts.

Jardín Botánico
Av. Linneo, s/n.
✆ 957 200 355.
🕘 10:30 a 14:30 h. y 16:30 a 18:30 h.
✂ Lunes, y de mediados de julio a mediados de septiembre.
Precios: niños, estudiantes y jubilados, 200 pts.; adultos, 300 pts.

Indiana Bill
Ed. Neptuno (espaldas Avda. del Pretorio).
✆ 957 404 747.
🕘 16:30 a 21:30 (octubre a abril), y 17:30 a 22:30 h (mayo a septiembre).
Precios: la primera hora de parque, 400 pts. lunes a jueves, que sube a 500 pts. de viernes a domingo; a partir de la segunda hora, 300 y 400 pts. respectivamente. Fiestas infantiles con distintos precios, según menú.

Hamburguesería McDonald's
Centro comercial El Arcángel.
✆ 957 750 032

Hamburguesería Burger King
Centro comercial Pryca La Sierra.
✆ 957 401 753

Tele Pizza
Red con servicio a domicilio. El más céntrico, San Pablo, 14.
✆ 957 474 500

Pizza Hut
Pl. de Colón, 29.
✆ 957 492 313

Pizzería O Mamma Mía
C/ Reyes Católicos, 5.
✆ 957 484 838

Parque acuático Aquasierra
Camino de Córdoba, km 2.5. ✆ 957 190 699. Villafranca.

Parque acuático Almodóvar
Ctra. Palma del Río, km 23. ✆ 957 713719. Almodóvar del Río.

Arriba, juegos infantiles en los Jardines de la Merced. Abajo, paseo a caballo en una escuela de equitación.

Jardín, brinda también a los pequeños zona de juegos con aparatos.
Otros lugares de asueto infantil son el peatonal Bulevar de Gran Capitán y los centros comerciales de la periferia, especialmente *Pryca La Sierra* y *El Arcángel,* con pabellones de juegos electrónicos. La plaza aneja a Zoco Córdoba, en la zona de Poniente, es frecuentada por patinadores.
En los bajos del edificio Neptuno ha abierto *Indiana Bill,* parque infantil, bar y ludoteca, todo en uno, imaginativamente ambientado en una exótica selva, con dos áreas de juegos, para niños de hasta 4 años, y de 5 a 11 años. Mientras los pequeños se divierten o celebran la fiesta de cumpleaños con sus amiguitos, los padres pueden aguardar, sin perderlos de vista, en la cafetería aneja.

A la hora de **comer** los niños sienten predilección por establecimientos de comidas rápidas, especialmente hamburgueserías y pizzerías, cuyos precios también suponen un alivio para el bolsillo paterno. Cuenta Córdoba con una buena oferta de establecimientos de esta índole; al margen se relaciona una selección.
En verano, las **piscinas** públicas –entre otras, Parque De-

Estanque del hipopótamo en el Zoo Municipal.

Jardines de la Merced, céntricos y acogedores.

portivo *Fontanar* y Cámping Municipal del Brillante– cuentan con piscinas infantiles en las que los pequeños disfrutan con el agua. Más amenos son los parques acuáticos. Aunque la capital carece de ellos, existen dos a cómodas distancias: Aqua Sierra en Villafranca, a 27 kilómetros, y Almodóvar, a 23.
Juguetes. Todo el año es posible encontrar en un ya clásico establecimiento especializado, *Los Guillermos,* Gondomar, 4, así como en *Toys'r'Us,* centro comercial El Arcángel. En Doce de Octubre, 19 abre *Títere,* libros infantiles y juegos didácticos. En los multicines –consultar cartelera– no suelen faltar películas infantiles, que hagan pasar a los pequeños una buena tarde.

Excursiones por los alrededores

EXCURSIÓN I. ESTRIBACIONES DE SIERRA MORENA

Las estribaciones de Sierra Morena, suave cornisa que discurre por el norte a escasos kilómetros de la ciudad, constituyen una apetecible invitación para disfrutar de hermosos parajes naturales, conjugados con algunos monumentos de interés. Proponemos recorrer la cornisa serrana, ruta de una veintena de kilómetros, para hacer en coche a lo largo de una mañana. La carretera es estrecha, con piso aceptable, suaves pendientes y numerosas curvas, así que conviene circular a velocidad moderada, lo que permite disfrutar del paisaje, propio del bosque mediterráneo. Si el invierno ha sido lluvioso, por la primavera ofrece una belleza radiante.
Se toma la carretera de Villaviciosa, que en sus primeros kilómetros de suave rampa atraviesa el Brillante, zona residencial poblada de chalés. A partir del kilómetro 5 el trazado empieza a dibujar curvas, que ya no nos abandonarán. En el kilómetro 8 un mirador invita a detenerse para disfrutar de la primera panorámica de Córdoba. Rebasado el kilómetro 9, un desvío a la izquierda lleva a las Ermitas.

Las Ermitas, a las puertas del cielo

Tres kilómetros más adelante del desvío surge el **Desierto de Nuestra Señora de Belén**, conocido popularmente por «las Ermitas», enclavadas en el abrupto Cerro de la Cárcel, que domina la planicie de la ciudad. Los andarines suben desde Córdoba por un atajo que responde al elocuente nombre de *Cuesta del Reventón.* Las estribaciones de la Sierra de Córdoba abundaron en parajes solitarios y abruptos en los que, desde tiempos remotos, buscaron refugio los eremitas para su retirada vida. Con las Constituciones otorgadas en 1594 por el obispo Portocarrero –conjunto de rígidas normas que establecen el triple voto de pobreza, castidad y obediencia–, se regula el desenvolvimiento de las primeras congregaciones de ermitaños, que habitaron el lugar hasta 1957, en que se hicieron cargo del Desierto los Carmelitas Descalzos. El antiguo eremitorio es hoy un lugar que compagina las visitas turísticas, el culto en la pequeña iglesia y el retiro espiritual.

La mayoría de las trece ermitas que tuvo el Desierto se encuentran hoy arruinadas, pero dos de ellas –la del hermano portero, junto a la entrada, y la de Santa María Magdalena, cerca de la iglesia– se muestran tal como las habitaban los er-

La imagen del Corazón de Jesús bendice a Córdoba desde las Ermitas.

mitaños. Un angosto recibidor –con reproducciones de documentos y descoloridas fotografías sobre la vida eremítica– que, a través de sendas puertas acristaladas permite contemplar el «dormitorio», con una escueta tabla por cama, y una austera celda que cumple funciones de sala de trabajo, oración y comedor. Por doquier hay inscripciones que recuerdan el carácter penitencial del lugar. La más tétrica, que tanto impresiona a los niños, figura al pie de una calavera situada al final del hermoso paseo de cipreses: «Como te ves yo me vi, / como me ves te verás. / Todo para en esto aquí, / piénsalo y no pecarás».

La recoleta **iglesia**, que mueve al fervor, data del siglo XVIII, pero fue reconstruida a mediados del XIX, tras su destrucción por un incendio. En la hornacina central del retablo mayor recibe culto la Virgen de Belén, que da nombre al lugar. Detrás del presbiterio se extiende la sala capitular, con algunas pinturas y esculturas de mérito, como en la iglesia. Retratos de venerables ermitaños y textos con episodios de sus virtuosas vidas cubren el coro bajo. Antes de abandonar las Ermitas, habrá que descender a una explanada presidida por el **Monumento al Corazón de Jesús**, obra de Coullaut-Valera inaugurado en 1929, que, iluminado, es visible por las noches desde Córdoba. La explanada constituye otro espléndido mirador sobre la ciudad, denominado *Balcón del Mundo,* que se puede también contemplar cómodamente sentado en el llamado «sillón del obispo», situado a la derecha, erigido en 1803 por el prelado Trevilla.

Medina Azahara renace de sus cenizas

Nos dirigiremos ahora al **conjunto arqueológico de Medina Azahara** o *Madinat al-Zahra,* situado a unos 3 km. más adelante, al oeste. Si se dispone de poco tiempo, se puede prescindir de la cornisa serrana y desplazarse directamente a Medina Azahara desde la capital, en vehículo privado o taxi, o bien utilizando la visita guiada atendida por la empresa Córdoba Visión.

Dos detalles de la ciudad califal de Medina Azahara.

Afirma la leyenda que Medina Azahara, «la ciudad brillante», fue erigida por Abd al-Rahman III para su favorita Azahara, «la Flor», pero eso no pasa de ser un ingenuo cuento creado por los imaginativos poetas árabes y fomentado por los escritores románticos. Como asegura su director conservador, Antonio Vallejo, la instauración por Abd al-Rahman III del califato viene acompañada por «la construcción de una nueva ciudad como residencia personal y sede de la administración del Estado, que sirviera como escenario adecuado para la representación del poder califal y mostrara, de forma precisa, su talla internacional». Construida en las faldas de la Sierra, ocupó la ciudad califal un rectángulo de 1.500 metros de largo por 745 de ancho,

Ermitas
A 12 km de Córdoba.
✂ Lunes no festivos.
🕘 De 10 a 13:30 h y de 16:30 h a la puesta de sol.
Precios: 200 pts.; niños y grupos superiores a 20 personas, 100 pts.

Medina Azahara
Desvío km 5.5, Ctra. Palma del Río.
✆ 957 329 130.
🕘 De martes a sábado, de 10 a 140 y de 16 a 18:30 h (octubre a abril) o 18 a 20:30 h (mayo a septiembre).
Precios: gratuito para españoles y UE, y 250 pts. para los procedentes de otros países.

Córdoba Visión realiza la visita guiada a Medina Azahara en autobús, que sale del Triunfo de la Catedral a las 10:30 y a las 16 h (octubre a abril) ó 18 h (mayo a septiembre).
Precios: 2.500 pts.

lo que representa una extensión de 112 hectáreas, de las que apenas se han excavado unas doce, es decir, el 10% del total. Esta zona excavada corresponde al Alcázar califal, situado en las terrazas superiores, y comprende la residencia privada del soberano o *Dar al-Mulk* (Casa Real) y la sede de los órganos del Estado, que incluye la casa del primer ministro Yafar; la *Dar al-Wuzara* o Casa de los Visires –que otros teóricos consideran la Casa Militar–, y, sobre todo, el Salón Rico o de Abd al-Rahman III, cuya reconstrucción asombra por la riqueza decorativa. Murallas, patios, estanques, pilas, jardines, la mezquita, el pórtico oriental y, sobre todo, millares de fragmentos de ataurіques que, como un colosal *puzzle,* se van reintegrando a dovelas y paramentos, permiten imaginarse la magnificencia de la ciudad.

Pero tanta magnificencia fue flor de un día, pues Medina Azahara sólo se mantuvo en pie 34 años. Las luchas intestinas entre las etnias musulmanas, motivaron su destrucción por los beréberes en el 1010. Desde entonces, y hasta

El cervatillo de bronce procedente de Medina Azahara.

Esplendoroso aspecto del Salón Rico *o de Abd al-Rahman III, en Medina Azahara.*

1910, en que se inicia una paciente recuperación arqueológica que dura hasta hoy, el lugar –conocido más tarde como «Córdoba la Vieja»–, fue continuamente saqueado por quienes tenían necesidad de sillares, columnas y capiteles –hasta en la Giralda sevillana los hay de esta procedencia– para nuevas construcciones.
A poca distancia de Medina Azahara, abrigada por los montes, se despliega la panorámica fachada del antiguo **monasterio de San Jerónimo de Valparaíso**, fundado en el siglo XV por fray Vasco de Sousa y habitado por frailes hasta su exclaustración en 1836, que los Marqueses del Mérito han convertido en residencia palaciega tras su adquisición, a principios del siglo XX, y paciente recuperación. Desde Medina Azahara se regresa a Córdoba por la carretera de Palma del Río.

La provincia de Córdoba

Tiene una extensión de 13.718 kilómetros cuadrados, distribuidos entre 75 municipios, que configuran un mapa de gran variedad paisajística. El Guadalquivir la surca por la mitad, fertilizando el valle de su nombre; al norte quedan Sierra Morena y la penillanura de los Pedroches, mientras que al sur se extiende la ondulada Campiña, que en el ángulo más meridional da paso a las abruptas y paisajísticas Sierras Subbéticas.

EXCURSIÓN II. LOS PUEBLOS DEL SUR

Proponemos un viaje por el sur, que se puede realizar en dos jornadas: la primera, hasta Lucena, tiene por eje la carretera N-331, coincidente con la ruta del vino, mientras que la segunda, de regreso a Córdoba desde Priego, transcurre por la N-432, eje de la «ruta de cereal y aceite». Ambas han sido incorporadas recientemente a la llamada Ruta del Califato, promocionada por *El Legado Andalusí*. Saldrán al paso, acunados por alomados paisajes de cereales, vides y olivos, pueblos blancos, dominados por las moles de sus parroquias mayores y, en algunos casos, de castillos, que testimonian su origen medieval. Iglesias renacentistas o barrocas, palacios, casas señoriales y pequeños museos locales configuran el legado monumental, que se conjuga con la suficiente oferta gastronómica realzada por el aceite de oliva virgen y los vinos de Montilla-Moriles, productos que, junto a las artesanías, se podrán adquirir por doquier. Y una advertencia: dada la variedad y restricción de horarios de los pequeños museos locales, recomendamos concertar la visita por teléfono.

Montemayor, dominado por el castillo.

Primera jornada

Fernán-Núñez (a 31 km de Córdoba), el primer pueblo que sale al encuentro en la Campiña, surgió en la segunda mitad del siglo XIV. De aquella época fundacional data la torre de la parroquia de Santa Marina, aunque su interior responde a una reedificación llevada a cabo, en estilo barroco, en el primer cuarto del XVIII. No lejos de la iglesia, en la plaza de Armas, se despliega la fachada del neoclásico Palacio Ducal, de finales del XVIII, antigua sede de los Duques de Fernán-Núñez, benefactores de la villa.
Montemayor (a 32 km de Córdoba) se halla a corta distancia de Fernán-Núñez. Montemayor responde fielmente a su topónimo, pues se asienta sobre un cerro, en cuya meseta superior se levantan el bien conservado castillo ducal de Frías, iniciado a mediados del siglo XIV, y la parroquia de la Asunción, hermoso templo gótico-mudéjar construido en el siglo XIV y reformado en el XVIII; destacan el retablo renacentista y el conjunto de orfebrería reunidos en el Museo de la Plata. Las dependencias parroquiales también alojan el pequeño museo arqueológico de Ulía.
Montilla (a 44 km de Córdoba) es la cuna del Gran Capitán. Dicen los poetas que es como un barco con la quilla inver-

Montemayor

Museo de Ulía
Pl. de la Constitución, s/n. ✆ 957 384 040.
Entrada gratuita.

H** Castillo de Montemayor
Ctra. Córdoba-Málaga, km 435.
✆ 957 384 253.

Montilla

Museo Histórico
Padre Miguel Molina, 2.
✆ 957 652 462.
Entrada gratuita.

Casa del Inca
C/ Capitán Alonso de Vargas, 3.
✆ 957 652 462
Entrada gratuita.
En la misma dirección y teléfono existe una **Oficina de Información Turística** que organiza una **ruta del vino,** por lagares y bodegas, y una ruta cultural, a través de monumentos, museos y bodegas.

HOTELES
HR*** Don Gonzalo
Ctra. Córdoba-Málaga, km 447.
✆ 957 650 658
H* Alfar
Ctra. Córdoba-Málaga, km 441.
✆ 957 651 120.

RESTAURANTES
Las Camachas
Ctra. Córdoba-Málaga km. 446.
✆ 957 650 004

Aguilar

HOTELES
H* Malvasía
Ctra. Córdoba-Málaga.
✆ 957 660 954

RESTAURANTES
La Casona
Ctra. Montoro-P. Genil, s/n. ✆ 957 660 439

tida varado en un verde mar de viñedos. Posee un conjunto de interesantes iglesias, entre las que sobresale la parroquia mayor de Santiago, templo de principios del XVI reformado en los siglos XVII y XVIII, al que corresponde su sólida torre de ladrillo. Fue construido con piedra procedente del cercano castillo, que mandó demoler en 1508 Fernando el Católico para aplacar la actitud levantisca del primer Marqués de Priego, Pedro Fernández de Córdoba. Junto a la parroquia se extiende el típico barrio de la Escuchuela. Otras notables iglesias parroquiales son las de San Sebastián, del siglo XIII, y San Francisco Solano, templo barroco de finales del XVII, erigido en el solar de la casa natal del patrón de Montilla y evangelizador del Perú. No menos interés poseen las iglesias conventuales de Santa Clara, del siglo XVI, con artística portada, y Santa Ana, de mediados del XVII. Reúnen los templos un rico conjunto de retablos y esculturas, especialmente de época barroca, así como pinturas de interés.
Entre los edificios civiles destacan el palacio de Medinaceli, el Ayuntamiento y la Casa del Inca Garcilaso de la Vega.
Aguilar de la Frontera (a 50 km de Córdoba). La antigua *Ipagrum* romana y *Poley* musulmana tiene un blanco y luminoso corazón urbano, su plaza octogonal de San José, de principios del siglo XIX. A corta distancia se alza la solitaria torre civil del Reloj, construida en ladrillo y terminada en 1774. Pero el principal monumento de Aguilar es su parroquia de

Nota

En Montilla se encuentran las principales bodegas de la zona, algunas de ellas hospitalariamente abiertas a las visitas y a la degustación de sus vinos, que se crían en viejas botas de roble alineadas en naves penumbrosas. Alfajores de almendra, vinos embotellados y artesanales barriles son algunas sugerencias para las compras

Nuestra Señora del Soterraño, un templo gótico-mudéjar iniciado en el XVI y que, enriquecido a lo largo de las dos centurias siguientes, muestra al exterior una portada plateresca. Cerca de la iglesia se halla el Peñón del Moro, triste vestigio del castillo medieval que habitaran los poderosos señores de Aguilar. Otros templos de interés son: la recoleta iglesia barroca de San José y San Roque, o de las Descalzas, de finales del XVII; la parroquia del Carmen, antiguo templo conventual de rasgos barrocos; y la iglesia del Hospital, con sus gemelas portadas barrocas flanqueando la torre neoclásica.
Merecen un paseo calles céntricas como Moralejo y Carrera, en las que perviven algunas casas señoriales de interés. Las confiterías satisfarán al viajero goloso con especialidades como las merengas de café o los rizados de almendra.
No lejos de Aguilar, en la carretera que lleva a **Puente Genil** –villa a la que hay que acercarse en Semana Santa para contemplar los desfiles de sus

Capilla del Sagrario en la parroquia de San Mateo. Lucena.

Corporaciones Bíblicas–, se extiende la laguna de Zóñar; los amantes de la naturaleza disfrutarán contemplando desde su observatorio las aves acuáticas, entre las que sobresalen los patos malvasía.
Volviendo a la carretera principal, la N-331, dejamos pronto a la derecha la villa de **Monturque,** asentada plácidamente sobre dos colinas, cuyo mi-

Vista parcial de Montilla.

Lucena

Oficina de Turismo
✆ 957 513 282

Hoteles
H** Baltanás
Avda. Parque, 10.
✆ 957 500 524

Restaurantes
Los Bronces
Ctra. Córdoba-Málaga, km 475.
✆ 957 515 040

Cabra

Museo Arqueológico
C/ Martín Belda, 21
✆ 957 520 110
Entrada gratuita.

Hoteles
HR Pallarés
C/ Dionisio Alcalá Galiano, 2.
✆ 957 520 725
HR San José.
Avda. Fuente del Río, 39.
✆ 957 520 368

Restaurantes
Olivia
Avda. Federico García Lorca, 4.
✆ 957 520 930

rador de Los Paseíllos regala una espléndida vista de la Campiña.

Lucena (a 72 km de Córdoba). Surgido en época árabe bajo el nombre de al-Yussana, este antiguo dominio señorial de los Marqueses de Comares compagina su pujanza industrial –fábricas de muebles y metalistería principalmente– con un notable patrimonio monumental, en el que destaca la parroquia de San Mateo, que preside la Plaza Nueva; es un templo gótico-renacentista del siglo XVI, en cuyo interior guarda la joya barroca de su capilla del Sagrario, del XVIII. Cerca de la parroquia se alzan restos del antiguo palacio de Medinaceli, cuya octogonal torre del Moral sirvió de cárcel a Boabdil, apresado en 1483 en la batalla de Lucena.
Abundan las iglesias de interés, tanto por su arquitectura como por el patrimonio artístico que atesoran, y que relacionamos por orden cronológico. Del siglo XVI data la parroquia gótico-mudéjar de Santiago; al XVII corresponden las iglesias conventuales del Carmen y Madre de Dios; a caballo entre el XVII y el XVIII se sitúa el antiguo convento de San Francisco de Paula, hoy parroquia de Santo Domingo; y al XVIII pertenecen las iglesias conventuales de San Martín, Agustinas, de infrecuente planta oval, y San Juan de Dios, con portada de mármoles policromos.
En medio de la renovación arquitectónica impulsada por el auge económico perviven algunas casas señoriales, como la de los Condes de Santa Ana, hoy Palacio de Justicia. A seis kilómetros de la ciudad, sobre el pico de la Sierra de Aras, se halla el santuario de la Virgen de Araceli, patrona de Lucena y del campo andaluz, que ostenta una exuberante decoración barroca. Muy concurrida y colorista es la romería de bajada de la Virgen, el tercer domingo de abril, portada por disciplinados santeros. El pico constituye también un magnífico mirador sobre el paisaje del

entorno, en el que predominan los olivares.
En Lucena se pueden adquirir buenos vinos finos, cerámica popular –botija arriera y perula son las piezas más características– y objetos decorativos de bronce o latón, entre los que sobresale el clásico velón.
Llegamos así al término de la primera jornada de este viaje por la Campiña cordobesa. Tras tan movido viaje, se puede pernoctar en Lucena o bien en la cercana Cabra, donde se iniciará la segunda etapa de la ruta.

Segunda jornada

Cabra (a 72 km de Córdoba). Tantas columnas tienen las cinco naves de la parroquia mayor de la Asunción, que muchas gentes de por aquí la llaman «mezquita barroca». El aspecto actual del templo data de la primera mitad del siglo XVIII, en que fue barroquizado. Pero la antigua *Igabrum* prerromana, sede episcopal con los visigodos y capital de cora musulmana, tiene otros templos que valen la visita, y a los que reformas emprendidas en el siglo XVIII les proporcionaron aspecto barroco: son las iglesias de San Juan Bautista, en el pintoresco barrio del Cerro; las parroquias de Santo Domingo y de los Remedios; y la igle-

Priego de Córdoba. Capilla del Sagrario, en la Asunción.

sia conventual de San Juan de Dios, cuyo claustro pervive incorporado como patio al «Círculo de la Amistad». La patria del novelista Juan Valera conserva también buenas casas señoriales, como la que acoge al Instituto Aguilar y Eslava; amenos parques como el dedicado al alcalde Alcántara Romero, y parajes donde disfrutar de la naturaleza, como la cercana Fuente del Río, feliz conjunción de agua y piedra. En el torno de las monjas agustinas se pueden adquirir deliciosas bizcotelas.
Tras abandonar la ciudad, es conveniente subir al Picacho (1.217 m de altitud), donde se encuentra el santuario de la patrona, la Virgen de la Sierra, reconstruido a finales del siglo XVII, que regala una hermosa visión panorámica de las Sierras Subbéticas, confín suroriental de la provincia. Abundan las romerías al santuario, entre las que destaca por su colorido y exotismo la de los Gitanos, a finales de junio.

Priego de Córdoba (a 103 km de Córdoba). La carretera que conduce a Priego desde Cabra se adentra paulatinamente en la Subbética, comarca natural renombrada como paraíso del turismo rural o de naturaleza. Tras dejar a la izquierda la pintoresca villa de Carcabuey, Priego enseguida atrapa al viajero con la seducción de sus contrastes, como el que se produce entre la desnuda blancura del barrio medieval de la Villa y la exuberancia decorativa que el barroco andaluz dejó en sus iglesias, fruto del bienestar económico que trajo el auge de la industria textil.
Una decena de iglesias, construidas o reformadas en el siglo XVIII, justifican el sobrenombre de «capital del barroco cordobés» que ostenta la ciudad. Encabeza este conjunto la parroquia mayor de la Asunción, en su origen un templo gótico-mudéjar de la primera mitad del XVI –época a la que corresponde el soberbio retablo plateresco–, reformado en el XVIII, siglo del que data la capilla del Sagrario con su exuberante decoración de yeserías. Completan el maravilloso conjunto de iglesias barrocas las de la Aurora, San Francisco –con la capilla de Jesús Nazareno–, San Juan de Dios, San Pedro, las Angustias, las Mercedes y el Carmen. Artistas como el lucen-

Priego de Córdoba. Castillo medieval.

tino Francisco Hurtado Izquierdo, Jerónimo Sánchez de Rueda –creador del barroco prieguense–, Juan de Dios Santaella, Francisco Javier de Pedrajas y Remigio del Mármol dejan su artística huella en los templos, que guardan un valioso patrimonio retablístico y escultórico. Aunque las iglesias barrocas eclipsan a los demás monumentos, no hay que olvidar el castillo medieval, que tan importante papel defensivo jugó en una tierra fronteriza; las antiguas Carnicerías, edificio manierista del XVI; y la singular Fuente del Rey, sucesión de tres estanques escalonados cuyos perímetros jalonan más de cien caños de cristalinas aguas. La calle Río es un buen escaparate de interesantes casas señoriales; en la número 33 nació Niceto Alcála-Zamora, presidente de la II República. Entre las fiestas destacan la procesión del Corpus por las angostas calles de La Villa y la subida del Nazareno al Calvario el Viernes Santo.
Si hay posibilidad de prolongar el viaje, se puede dedicar un día a realizar alguna de las muchas rutas de senderismo que brinda **la Subbética**. Así, desde la aldea de Las Lagunillas se pueden emprender excursiones a La Tiñosa –cuyos 1.570 metros constituyen la mayor altura provincial–, el puerto de Cerezo o los tajos del pico Bermejo. Otra excursión sugestiva, que desde la carretera de Carcabuey

Priego de Córdoba

Museo Histórico
C/ Carrera de las Monjas,16.
✆ 957 540 957.
Entrada gratuita.

Museo del pintor Lozano Sidro
C/ Carrera de las Monjas, 16.
✆ 957 540 957.
Entrada gratuita.

Museo Alcalá-Zamora
C/ Río, 33.
✆ 957 700 625.
Entrada gratuita. En el mismo edificio y teléfono se halla la Oficina Municipal de Turismo.

HOTELES
HA*** Villa Turística de Priego
C/ Batán, s/n. Aldea de Zagrilla Baja.
✆ 957 703 503
H* Río Piscina
Ctra. Monturque-Alcalá la Real, km 44.
✆ 957 700 186

RESTAURANTES
Europa
C/ Ramón y Cajal, s/n.
✆ 957 700 253
Los Arcos
C/ San Fernando, 3.
✆ 957 549 029

Zuheros

Cueva de los Murciélagos
Abierta sábados y festivos
Pases a las 11, 12, 13, 16, 17 y 18 h.
Visitas concertadas para grupos,
957 694 545
Precios: adultos, 525 pts.; niños menores de 13 años, 275 pts.

HOTELES
H Zuhayra**
C/ Mirador, 10.
957 694 693

Baena

Museos Arqueológico y de Semana Santa
C/ Santo Domingo de Henares, 5.
957 671 756.
Entrada gratuita.

HOTELES
H Iponuba**
Nicolás Alcalá, 7.
957 670 075.
H El Zambudio**
Ctra. Baena-Zuheros, km 2.
957 670 837

RESTAURANTES
Iponuba
C/ Nueva, 9.
957 670 075
Casa del Monte
Pl. Constitución, s/n.
957 671 675

Nota

Antes de Baena hay dos pueblos pintorescos por los que no conviene pasar de largo si se dispone de tiempo. El primero, **Luque,** al pie del tajo del Algarrobo, con restos del castillo árabe, el recinto amurallado medieval, la ermita de la Virgen del Castillo y, sobre todo, la renacentista parroquia de la Asunción, soberbio templo renacentista. **Zuheros,** de blanquísimas calles quebradas, para recorrerlas sin prisa, y estratégico mirador sobre los rocosos tajos. Se puede acceder a la cueva de los Murciélagos, a 4 km, gruta natural ya habitada en el Neolítico, con un tramo visitable de 800 metros para grupos guiados.

se dirige a la aldea de Los Villares, permitirá disfrutar de paisajes como los que brindan la Sierra de los Pollos, Sierra Horconera y el pico Bermejo.
Desde Priego se emprende el regreso a Córdoba, a través de una carretera local que sale a la N-432, eje del retorno.
Baena (a 62 km de Córdoba). Tras visitar la parroquia de la Virgen de Guadalupe, del siglo XVI, situada en El Llano, hay que subir a la luminosa plaza del Coso, dominada por un edificio dieciochesco, la Casa del Monte, que contrasta con la moderna arquitectura del Ayuntamiento. Más arriba, en la cúspide del cerro sobre el que se asienta el casco antiguo, se alza la parroquia de Santa María la Mayor, templo gótico del siglo XVI que las restauraciones han ido recuperando de la ruina. De la misma centuria es la cercana iglesia conventual Madre de Dios, de monjas Dominicas, con bello retablo renacentista. Esta parte alta de la ciudad corresponde a la almedina de la antigua *Bayyana,* de la que subsisten parte del recinto amurallado, con sus puertas, y algunas torres del viejo castillo musulmán.
Iglesias notables son también la parroquia de San Bartolomé, iniciada a finales del siglo XV en estilo gótico y reformada en las postrimerías del XVIII; y la iglesia

conventual de San Francisco, comenzada a finales del XVII en estilo barroco, que acoge la imagen de Jesús Nazareno, patrón del pueblo.
Hay que visitar Baena en Semana Santa –celebración que tiene dedicado un museo en la recuperada Tercia–, para asombrarse con el estruendo de sus dos mil tambores, tocados hasta el agotamiento por las cuadrillas de judíos, coliblancos y colinegros, manifestación que alcanza en la mañana del Viernes Santo su plenitud de color y devoción. Una apreciada especialidad dulcera son los panetillos de cortijo, especie de tortitas de almendra. Da nombre Baena a una denominación de origen de afamados aceites vírgenes, que tanto contribuyen a realzar la gastronomía cordobesa.
Castro del Río (a 42 km de Córdoba). Despunta en el caserío, a cuyos pies discurre el río Guadajoz, la torre de la parroquia de la Asunción, templo de impronta gótica fundado en el siglo XIII y reformado en los siglos XVI –al que corresponde la erosionada portada plateresca– y XVIII. Otras iglesias de interés son: Madre de Dios, de los siglos XV y XVII; Nuestra Señora del Carmen, reedificada en el XVIII; y Jesús Nazareno, de la misma centuria. La ermita que acoge a la patrona, la Virgen de la Salud, data del siglo XVII. Conserva Castro restos del recinto amurallado almohade y del castillo medieval. Su Ayuntamiento fue una antigua cárcel en la que estuvo preso Cervantes. Es un placer callejear por el típico barrio de La Villa. Son muy apreciados los muebles de madera de olivo.
Espejo (a 33 km de Córdoba). El blanco caserío se asienta sobre una loma, en cuya cúspide se alza el bien conservado castillo, que data del siglo XIV. No lejos de la fortaleza se encuentra la parroquia de San Bartolomé, construida a principios del siglo XV y ampliada en el XVII, cuya joya artística es el retablo gótico de San Andrés, con pinturas de Pedro Romana. Pintorescas son las quebradas calles del viejo Barrionuevo, de paradójico nombre. Tiene justa fama el chorizo.

Nota

La empresa Córdoba Visión tiene programadas varias rutas turísticas por el Sur de la provincia que se realizan según demanda. Una de ellas, denominada «Ruta de la Vid y del Caballo», combina viñedos, lagares y bodegas de Montilla, por la mañana, con la visita vespertina al cortijo Dehesa del Colmenar, en Cabra, para conocer una cuadra de pura raza andaluza; se puede realizar con un mínimo de 12 personas y tiene un precio de 7.000 pta. Pero el abanico de itinerarios que oferta la empresa comprende otros como la Ruta del Barroco, que se dirige a Lucena y Priego, la «Ruta de la Subbética» o la «Ruta de las Lagunas», en la zona de Aguilar.

Córdoba
en un día

Las sugerencias de Antonio Gala para quienes pasen un solo día en Córdoba. Los monumentos y lugares de interés imprescindibles en la ciudad. Todo aquello que no te puedes perder.

¿Cómo reducir a veinticuatro horas el encuentro con la nativa ciudad de la belleza? ¿Cómo querer aprehender, en un suspiro, la ciudad inmortal y agonizante? Aunque no fuese más que por eso, tendríamos que reconocer la infecunda rapidez del tiempo en que vivimos... Pero atengámonos a tan efímera posibilidad.

¿Qué visitar, por la mañana, lo primero? La sultana con muslos de emperador que es la **Mezquita-Catedral.** Pisar con tiento y ojos bien abiertos la doble maravilla: el palmeral de columnas, los altares pequeños, el espléndido altar mayor, su plata amortiguada, las capillas, el mihrab riquísimo y misterioso, el barroco tajando la obra de los califas... Y, alrededor, el plateresco o el gótico florido, las serenas

construcciones que habitaron Omeyas y obispos, el **Alcázar de los Reyes Cristianos,** sus jardines, sus murallas, el Arco de Triunfo que es la puerta del **Puente Romano,** con el Arcángel en su mitad izquierda... El Arcángel Rafael, cuyos triunfos puntúan toda Córdoba... Despacio, por poco tiempo que haya, que no quepa la prisa...
Atravesando el Campo de los Mártires y sus baños árabes, introducirse en la judería y sus serenos **palacios:** el de las **Pavas,** primero a la derecha. El **hospital del Cardenal Salazar,** cerca del **Museo Taurino** y el recuerdo de Góngora... Y ya *El Churrasco,* donde Rafael ofrece su almuerzo ilimitado. Él me enseñó a hacer el salmorejo: bueno será empezar así y seguir con el rabo de toro, y el café entre la vaguedad postprandial...
¡Arriba!, hacia los barrios populares, que es donde está

más Córdoba, **San Basilio** quizá, si no se asomó uno en la mañana. **San Miguel, San Pablo, el Realejo, Santa Marina, San Lorenzo, San Agustín, el Juramento, San Pedro, la Magdalena...** Tomando copas de montilla en las tabernas de paso (qué buen mapa de ellas se editó), y avanzando despacio hacia el atardecer, despacio... Hasta que nos sorprenda la noche en las *Bodegas Campos,* donde hay un gran menú de platos cordobeses: en el salón de los Célebres, o en el de los Ganaderos, o en el refectorio, da lo mismo.
Y, por fin, en la Judería. *El Zoco,* cerca de la **Sinagoga,** o *Los Califas:* los lugares en que haya un poco de flamenco compartido para recordar lo que hemos visto, lo que volveremos a ver sin duda, lo que jamás olvidaremos: el alma silenciosa, delicada, irrepetible, idéntica de Córdoba.

CÓRDOBA EN UN FIN DE SEMANA

SÁBADO

• Comenzaremos por la **Mezquita-Catedral**, el principal monumento cordobés (véase «Paseando por la Catedral, antigua Mezquita»), para continuar recorriendo su entorno, donde se concentran monumentos de interés como el **Triunfo de San Rafael**, la **Puerta del Puente**, el **Puente Romano** y la **torre de la Calahorra**, antes de visitar el **Alcázar de los Reyes Cristianos**, fortaleza palaciega amenizada por estanques y jardines sugerentes. Concluiremos la mañana adentrándonos en la **Judería**, sin olvidar visitar la **Sinagoga**, que se abre en la angosta calle Judíos (véase la descripción de todo ello en el apartado «La Judería y el entorno de la Catedral»).

• Tras almorzar en alguno de los muchos restaurantes de la zona (véase «Dónde comer») podemos subir hacia el centro, tomar café en compañía de la estatua ecuestre del Gran Capitán, en la remodelada plaza de Las Tendillas, y visitar museos. Los amantes de las piedras pueden dirigirse al **Museo Arqueológico**, a pocos minutos del centro por la calle Ambrosio de Morales. Pero quienes prefieran la pintura se encaminarán a la plaza del Potro a través de la calle de la Feria, y allí encontrarán los **museos de Bellas Artes** y de **Julio Romero de Torres**, uno frente al otro.

• Tras dedicar un rato a **compras** de recuerdos (véase el capítulo «De compras por Córdoba»), las últimas horas de la tarde o primeras de la noche son idóneas para recorrer algunas **tabernas** donde copear y tomar tapas o raciones, a modo de cena informal (véase en «De copas y tapas»). Si le atrae el **flamenco**, puede poner fin a la jornada en el tablao *El Cardenal.* Pero si el flamenco no entra en sus gustos, puede ojear la programación del Gran Teatro en el diario *Córdoba,* porque a lo mejor dan un espectáculo o un concierto de su interés. Si es verano, una variante al garbeo por las tabernas consiste en terminar la jornada en una de las **terrazas-barbacoa**, al aire libre, de los hoteles de la Sierra, como *La Arruzafa, Las Adelfas, Occidental* o *Los Abetos.* Y a descansar.

DOMINGO

Hay que tener en cuenta que los museos y monumentos sólo abren por la mañana, lo que obliga a elegir entre varias opciones. La primera consiste en visitar algunas de las más interesantes **iglesias** de Córdoba, aprovechando que abren sus puertas con motivo de las misas dominicales (consulte los horarios en el diario *Córdoba).* Así, tras asomarnos a la céntrica iglesia conventual de **San Pablo** podemos bajar hasta la parroquia de **San Lorenzo** y desde allí callejear por la Ajarquía (véase el cuarto itinerario, «Las iglesias fernandinas, alma de los barrios») hasta la iglesia de **Santa Marina de Aguas Santas**, concluyendo a la hora del aperitivo en alguna taberna de la zona o en los agradables jardines de la plaza de Colón, para almorzar en un restaurante del centro.

• Si dispone de vehículo, la segunda opción comprende subir a las **Ermitas** para conocer tan místico recinto y, de paso, disfrutar de las mejores panorámicas que de la ciudad regalan los miradores serranos. Para los creyentes, hay misa a las 10 h, en un ambiente de recogimiento casi familiar. Tras la misa continuaremos por la carrretera de la cornisa serrana y, tras desayunar en alguno de los bares del Cruce, proseguiremos hasta el conjunto arqueológico de **Medina Azahara**, ciudad califal que Adb al-Rahman III levantó para exhibir su poder.

• Tras el almuerzo se puede dedicar la tarde, en que cierran museos y monumentos, a pasear por el museo vivo y permanente de la ciudad, bastante liberada del tráfico que a menudo la martiriza, e hilvanando en un itinerario improvisado algunas de las innumerables **plazas** por las que el casco antiguo respira, como **Capuchinos**, **Cardenal Toledo**, **la Corredera** –apacible en la tarde, muy distinta de la bulliciosa plaza matinal–, **la Compañía** o las propias **Tendillas**, paseo que se podrá combinar con **iglesias** de interés, que abren para las misas vespertinas, como **la Compañía**, **San Miguel** o **San Nicolás de la Villa**, céntricas todas, antes de emprender el regreso.

FIESTAS Y EVENTOS

Acontecimientos festivos y otras celebraciones del año

• La tarde-noche del 5 de enero, la **Cabalgata de Reyes** desfila por el centro de Córdoba.

• En fechas variables de febrero o marzo, **Fiestas de Carnaval**. Concurso de Agrupaciones Carnavalescas en el Gran Teatro. El domingo de Piñata, Cabalgata de Carnaval.

• 28 de febrero, **Día de Andalucía**. La Orquesta de Córdoba suele ofrecer un concierto conmemorativo en torno a esta fecha.

• En fechas variables de marzo o abril, celebración de la **Semana Santa**, durante la cual desfilan por las calles de Córdoba 35 procesiones con unos 60 pasos. El llamado «itinerario oficial», que recorren todas las procesiones, discurre por el centro de la ciudad, y a lo largo del mismo se instalan sillas y palcos de pago que permiten la cómoda contemplación de los desfiles.

• Después de la Semana Santa, en fechas variables, Hostecor celebra la **Feria de la Tapa**, a la que concurre una treintena de tabernas.

• Los martes de primavera el Palacio de Viana acoge el ciclo de recitales poéticos **Viana, patios de poesía,** organizado por Cajasur, en el que participan destacados poetas. 21 h. Entrada libre.

• En fechas variables de abril abre sus puertas **Expo-Córdoba**, feria comercial que se celebra en el Recinto Ferial San Carlos.

• En sendos domingos de abril o de primeros de mayo se celebran las tradicionales **romerías** a los santuarios de **Santo Domingo de Scala Coeli** y de la **Virgen de Linares**, situados a 5,5 y a 10 km al norte de la ciudad, respectivamente, en los que participan numerosos caballistas, carrozas y vehículos exornados.

• A finales de abril se celebra en el Paseo de la Victoria la **Batalla de Flores,** que preludia las fiestas de mayo.

• El primer fin de semana de mayo, en torno a la fiesta de la Cruz, se celebra el **concurso** popular de **Cruces de Mayo** en plazas y rincones de la ciudad, organizado por el Ayuntamiento.

• Hacia la segunda semana de mayo tienen lugar los **concursos de Patios, Rejas y Balcones**, y el **Festival de los Patios Cordobeses**, organizados por el Ayuntamiento. Los patios concursantes abren sus puertas a la visita pública.

• Coincidiendo con la fiesta de los Patios se celebra la **Cata del Vino Montilla-Moriles,** organizada por el Consejo Regulador de la denominación de origen con el fin de promocionar los caldos.

• A mediados de mayo, Córdoba celebra cada tres años el **Concurso Nacional de Arte Flamenco**, organizado por el Ayuntamiento, que premia el cante, el baile y el toque de guitarra.

• En la última semana del mes tiene lugar la **Feria de Mayo** o de Nuestra Señora de la Salud. Se instalan en El Arenal unas 150 casetas, con entrada libre. Paralelamente en el coso de Los Califas se desarrolla la **feria taurina**, que reúne a figuras del momento.

• En la primera quincena de julio se celebra el **Festival Internacional de la Guitarra**. Organiza la Fundación Pública Municipal Gran Teatro. Programación variada con la guitarra como denominador común

• El 16 de julio las peñas celebran una **procesión fluvial** por el Guadalquivir con la imagen de la Virgen del Carmen.

• A lo largo del verano se celebran numerosas **verbenas** de barrio. Destaca la de la Virgen de los Faroles, organizada por la Federación de Peñas junto al Triunfo de la Catedral en la segunda semana de agosto.

• En fechas variables de agosto, **Trofeo Internacional de Fútbol Juvenil** *Ciudad de los Califas,* en el Nuevo Arcángel.

• Del 4 al 8 de septiembre, ***Velá* de la Virgen de la Fuensanta** en el entorno de su santuario.

• A primeros de octubre, en fechas variables, se celebra en el Palacio de la Merced la feria **Intercaza**; organiza la Diputación.

• Desde mediados de octubre a finales de abril, temporada **Música en la Magdalena**, organizada por CajaSur en la antigua iglesia del mismo nombre. Música de cámara. Viernes, 20 h (21 h a partir del cambio de horario). Entrada libre.

• En la segunda quincena de octubre, se celebra **Joyacor**, Feria de Joyería Cordobesa organizada por la Asociación Provincial de Joyeros, Plateros y Relojeros. *Recinto Ferial San Carlos.*

• En octubre suele iniciarse la **temporada** de abono de la **Orquesta de Córdoba**, que dirige Leo Brouwer y que celebra sus conciertos en el Gran Teatro en jueves discontinuos hasta mayo.

• El 24 de octubre Córdoba festeja a **San Rafael**, el Arcángel Custodio de la ciudad, con una función religiosa en la iglesia del Juramento. El pueblo celebra la fiesta con *peroles* en la Sierra.

• Patronos **San Acisclo y Santa Victoria**, el 17 de noviembre. Degustación popular de un gran pastel cordobés en el Quiosco de la Música, por iniciativa del diario *Córdoba* y los pasteleros.

• En **Navidad** celebra CajaSur tradicionales concursos de villancicos y de belenes; éstos, visitables. En **Nochevieja** se congrega la multitud en la plaza de Las Tendillas.

ÍNDICE TOPONÍMICO